爱宝贝 | 养育有道系列

好妈妈这样做：挖掘孩子的右脑潜能

张海媛 编著

中国妇女出版社

目录

第一章

你的宝宝是右脑型人才吗

每一个孩子都是一个宝库，只要有合适的环境，正确的教育引导，这个宝库里的财富就会源源不断地被挖掘出来。

爸爸妈妈要用心观察，用心陪伴，就算再忙再累，也应尽量抽出时间陪伴孩子，不要让孩子错过0~3岁这个大脑开发的黄金期。

不过，万事都是过犹不及，孩子大脑的开发不可过度。爸爸妈妈在挖掘孩子大脑潜能的时候要注意适度、合理，这才是对孩子最好的爱。

0~3岁是宝宝大脑开发的黄金期

朵朵2岁多，正是准备进入幼儿园的时候，不知道为什么我总想起她刚出生的样子，红红的、皱皱的，像一个小猴子。随着朵朵慢慢长大，朵爸说："我们朵朵就是一个标准的吃货，白天在吃，晚上也在吃，哭了以后最好哄的方式就是给她一些吃的。"

我笑朵爸："你就看到她吃了，怎么没看到她长能耐呢？她虽然小，但是一天天地不同了，脑子里好东西也越来越多了。"看着这个小小的人儿一天天长大，我和朵爸每天都很开心。

我和朵爸不仅关注朵朵身体的成长，还很注重她的大脑开发。在朵朵出生前，我看的很多育儿书中都提到，从大脑的发育历程来看，0~3岁这段时期的发育尤其重要，被称为"脑部发育的黄金期"。教育专家称"婴儿在其降生的环境中接受各种感官刺激，形成与这个环境相应的素质。随之，这种成人已经失去了的，可以与上帝的创造力相比拟的非凡能力，便将迅速消失"。这就是说，婴儿的大脑对新生事物的接受能力很强，越是接近零岁，这种接收能力就越强。与0~3岁这段时期的孩子相比，成人大脑的接受能力就相对差些了。所以从朵朵出生开始，我们就很注重她的大脑开发。

我怀着朵朵时，认识了小区里很多小朋友和他们的妈妈。记得有一次，我看到两个同年龄但各种表现却不一样的孩子，他们分别叫乐乐和佳佳，看到他们的表现后我就明白了一个道理——3 岁以下的孩子大脑开发至关重要。

乐乐和佳佳都只有 1 岁多，都是男孩，胖乎乎的很可爱，但是佳佳却明显比乐乐“聪明”一些。佳佳活泼可爱，会说很多话，可是乐乐就连喊“爸爸”和“妈妈”的发音都发不准。我深入询问后才发现，原来佳佳的妈妈很注重孩子的大脑开发，他们夫妻俩岁数都不小了才有这个孩子，所以佳佳妈妈格外重视，从怀孕开始就吃叶酸、复合维生素、DHA 等各种促进孩子生长和智力发育所需的营养素。佳佳出生后，佳佳妈妈坚持母乳喂养，添加辅食后还给佳佳均衡搭配饮食。佳佳妈妈还不放过每个培养孩子的机会，就算在外面散步，她也会向佳佳介绍身边的事物：“这是大树，这是小花。”

而乐乐的妈妈却不一样。乐乐妈妈怀乐乐的时候只有 24 岁，按她的话说：“自己都还没玩儿够呢，就有孩子了。”她的心思根本就不在胎儿身上，觉得自己身体很好，怀孩子时比较粗心，认为只要吃好、睡好，定期检查就行了。后来还是在医生的建议下，才慢慢开始关注营养和微量元素的补充。乐乐出生后，她觉得母乳喂养太不自由，就放弃了这种最科学的喂养法。在乐乐 4 个月的时候，乐乐妈妈回公司上班了，于是请了个保姆来照顾乐乐。保姆来自农村，不会说普通话，文化水平不高，只负责照顾好乐乐的吃喝拉撒，像智力开发这样的事儿，保姆不要说做，就连听也没有听过。

乐乐妈妈看到自己的儿子与佳佳之间有那么大的能力差距，心里很难过，意识到自己的粗心耽误了乐乐，一再表示要用心照顾乐乐，让他和别的孩子一样聪明可爱。我和佳佳妈妈都告诉她，3 岁以前进行大脑开发，多陪陪乐乐，就没有问题。后来，我生了朵朵，出了满月到楼下看到乐乐妈妈，她说：“我刚工作没多久就结婚生孩子，总觉得工作放不下，而且自己的玩儿心也重，所以管乐乐的时候很少。上次乐乐生病，我带他去医院，医生说 3 岁之前是孩子大脑开发的黄金期，希望我们更好地对乐乐进行大脑开发。我现在主动调动了岗位，争取多一些时间陪他。我和乐乐爸爸商量了，以后也要加倍关注乐乐的大脑开发问题。”

后来，我常常看到乐乐妈妈、乐乐爸爸在楼下陪着乐乐玩，乐乐也确实比以前开朗大方了很多，看来乐乐的爸爸妈妈对大脑开发的事情真是下了决心，当然也收到了切实的效果。

现代医学研究发现，从孩子大脑重量来说，在3岁之前有量的飞跃，而到3岁时，孩子脑重已接近成人的脑重，这之后发育速度就变慢了。对于0~3岁的孩子来说，大脑是具有很强的可塑性。在新生儿出生之后，大脑中有很多神经并未连接，而这种连接在3岁之前，连接的量是最大的，大脑神经细胞之间的这些连接，在很大程度上是由婴幼儿生活中的经历决定的，如果能把此段时间利用好，将能很好地促进大脑功能的发育。

如果爸爸妈妈在孩子0~3岁这一特殊时期里，不给予教育性的刺激，那么孩子的大脑将得不到很好的发展，会迅速失去吸收能力，转变成“劣质”的头脑，即使以后再给予多么优良的教育性刺激，也无法恢复这种吸收能力了。

爸爸妈妈如何抓住0~3岁这个孩子大脑发育的黄金期？如何才能帮助孩子的大脑充分发育呢？

首先，饮食是大脑发育的关键，只有营养充足，才能保证孩子身体健康，大脑正常发育。母乳中含有DHA，它能促进大脑生长和发育。在婴儿时期，孩子最好的饮食就是母乳，妈妈们要尽可能地坚持母乳喂养。孩子年龄稍大一些，断奶以后，则需要健康、均衡的日常饮食，含丰富的蛋白质的鸡肉、鸡蛋、豆类以及蔬菜、水果是孩子的最佳食材。所有的这些食物，不仅仅是保证身体的健康、强壮，更是保证孩子大脑的正常发育，使他更聪明，发掘出更多的潜能。

其次，孩子的大脑发育与运动有很直接的联系，爸爸妈妈要让孩子真正

“动”起来，并和孩子一起“动”起来。婴儿操、坐、爬、站等大动作练习，都是对大脑发育有好处的日常锻炼方式，爸爸妈妈不妨每天为孩子安排一些这样的运动。当然，如果有条件、有机会，爸爸妈妈一起陪着孩子玩儿是最好不过的。

再次，家庭是孩子最好的乐园，爸爸妈妈是孩子最好的老师。爸爸妈妈要在家里营造出欢乐的家庭氛围，这样孩子才会是快乐的，同时也容易形成积极、乐观的心态。实践证明，在积极乐观的心态下大脑的发育将会更好，潜能被发掘得也更多。

另外，爸爸妈妈不要操之过急，要知道拔苗助长并不是真正有利于孩子的。有的爸爸妈妈心急一点儿，看到各种各样的刺激孩子大脑发育的方式，就巴不得每一样都给孩子试一试。可是，这些方法虽然多多少少都有些作用，但是用得过多，孩子又太小，不一定承受得了。爸爸妈妈要给孩子休息的时间，这里所指的休息主要是睡觉。孩子在休息的时候大脑慢慢地“消化”所学到的东西，等他醒来后，才能精力充沛地迎接下一回合的大脑刺激。

随着孩子的长大，孩子间的差距也越来越大，有的活泼机灵、热情好动、善于学习和模仿；而有的羞怯胆小、消极木讷，缺乏探索精神，接受和掌握新事物、新技能较慢。每个孩子生下来都是一样的，都是爸爸妈妈的小天使，后来的差别很大程度上来自爸爸妈妈，在 0～3 岁这个大脑发育的黄金期采用不同的方法、不同的态度，那么最后的结果也会是不同的。

年轻的爸爸妈妈们，孩子只需要你用心、用爱、用更多的时间去陪伴他，这样孩子的大脑就有可能发育得更好。

妈妈有话说

不到3岁的孩子娇嫩得像花朵一样，爸爸妈妈对孩子的引导、教育应该注意方式和方法。如果环境丰富和教育训练适当，孩子的大脑将会获得意想不到的开发。相反，教育如果失当，不符合孩子身心发展规律，错过了适当的时机，或实施方法不当，往往会产生不良的后果，使孩子本来具有的发展潜能得不到充分实现。

最好的方法不一定就是最有用的方法，爸爸妈妈要寻找出最适合自家孩子的方法，才有可能最大限度地开发孩子的潜能。

专家方案

1. 饮食是大脑发育的关键，只有营养充足，才能保证孩子身体健康，大脑正常发育。

2. 坐、爬、站等大动作练习，都是对大脑发育有好处的日常锻炼方式，不妨每天为孩子安排一些这样的运动。

3. 给孩子营造一个健康、愉悦的家庭氛围，让孩子在愉快的情绪下进行大脑开发。

4. 给孩子适当的休息时间，孩子在睡觉的过程中，大脑才能慢慢地“消化”所学到的东西。

宝宝的大脑并不神秘

记得有一次，朵朵生病了，半夜发烧到39℃，我和朵爸赶紧把她送到医院。经过医生的处理，朵朵才慢慢退烧了。天快亮的时候，朵朵终于安安静静地睡着了。我和朵爸也趁机眯了一会儿。

早上朵朵醒来后，对我说："妈妈，我的头好痛。"我逗她，说："你昨天晚上烧了大半夜，都快开锅了，能不头痛吗？"朵朵赶紧摸了摸自己的头，说："妈妈，我的脑子里是粥吗？"我笑着说："不是，朵朵的脑子聪明着呢，等你长大一点儿，妈妈就告诉你，你的大脑里有什么，不过，你放心，你大脑里装的永远都不是粥。"朵朵听完我的话，放心地笑了。

孩子的大脑并不神秘，只不过面对不到3岁的小宝宝，我们不能找到合适的语言去表达。

小孩子的康复能力是很神奇的，从医院回来的当天朵朵就精神很多了，朵朵奶奶听说她病了拿着香蕉和核桃来看她，我看着圆圆的核桃，突然想起了早上的问题。我问朵朵："妈妈手里拿着的是什么？"朵朵看了看我，又看了看我手里的核桃，说："吃的。"我摇了摇头，朵朵还是说："是吃的。"朵爸笑着说："朵朵，妈妈手里拿的是核桃啊，我们平时吃的是核桃里的肉。"我用核桃夹轻轻地夹开一个核桃，慢慢地剥开外壳，就有了一个完整的核桃肉。我告诉朵朵每个人的脑子就像这核桃里的肉一样，分成左右两边，而且还有很多褶皱。

朵朵看了看我，又看了看核桃肉，说："妈妈，我发烧的时候是不是把核桃肉烧煳了？"朵爸看了看我，我们不约而同地笑了。朵爸说："她才那么小，你跟她说这些怎么能说通？现在越来越说不清了吧？"

人类的大脑并不神秘，世界各国的科学家早就进行了相关研究，人类的大脑是所有器官中最复杂的一部分，并且是所有神经系统的中枢。虽然人类的大脑看起来是一整块的样子，但是细分起来可以分为 3 个部分：脑核、脑缘系统和大脑皮质。大脑位于脑干前方，背侧依大脑纵裂分成左、右两半球。

孩子在妈妈的身体里的时候，大脑就开始发育了，胎儿的脑神经元不断增加，平均每分钟增加 250, 000 个，到了出生时，可达近 100 亿个脑神经元；重量也由 100 克生长到 1100 克，成长速度相当惊人。科学实践发现在胎儿的成长过程中，适当地给予听觉、体觉、视觉的刺激，将有助于脑部胶原神经细胞的发展。

胎儿出生后，大脑的生长速度更是惊人，而且对于孩子以后的成长也相当关键。0~3 岁是脑部发育最重要的阶段，在这个阶段，脑部所有的发育都是在为整个脑神经网络的构建打基础，若基础工作做得十分扎实，后续的学习将会事半功倍。

成年人的大脑重量约 1400 克，3 岁孩子的大脑重量约 1000 克。这么轻的大脑却是控制人一切行为、思想的中心，它是怎样指挥人体的？

人的大脑分成左脑和右脑，并有不同的分工。左脑支配右半身的神经和器官，是理解语言的中枢，主要负责语言、分析、逻辑、数字的思考、认识和行为。左脑进行的是有条不紊的条理化思维，即逻辑思维。右脑支配左半身的神经和器官，是一个没有语言中枢的哑脑。但右脑具有接受音乐的中枢，负责可视的、综合的、几何的、绘画的思考行为，具有观赏绘画、欣赏音乐、凭直觉观察事物、纵览全局等功能。

曾经有一个很有名的实验，实验者切断被实验者位于左右脑连接部的脑梁，然后挡住其左视野，在他的右视野放上图形，被实验者可以使用语言说明图形是什么；但是在被实验者左视野显示数字、文字、实物，哪怕是读法很简单，他也不能用语言说出它们的名称。

左右脑这种分工是严格的吗？理论上来说不是绝对的，现实来说也是不可能的。曾经有科学家切断实验动物和严重癫痫患者左右脑之间的神经联系后发现，各自独立的半球都有其自己的意识流，在同一个头脑中两种独立意识平行存在，它们有各自的感觉、知觉、认知、学习以及记忆等。也就是说，左脑同样具有右脑的功能，右脑也同样具有左脑的功能，只是各有分工和侧重点而已。

人们不必刻意去细究左脑和右脑的关系及详细分工，只要了解了左脑、右脑侧重的分工，并根据其特点进行刺激、开发即可。为了让家长更明确左脑、右脑工作的重点，打个比方来说，左脑就像个雄辩家和科学家，善于语言和逻辑分析，长于抽象思维和复杂计算，但刻板，缺少幽默和丰富的情感，是知性的、理性的；右脑就像个艺术家，长于非语言的形象思维和直觉，对音乐、美术、舞蹈等艺术活动有超常的感悟力，不善言辞，但充满激情与创造力，感情丰富、幽默，有人情味，是激情的、感性的。

在怀朵朵的时候，我就参看了一些关于大脑开发的书，还参加过一个头脑开发的组织，在这个组织里我认识了很多关心且关注孩子大脑开发的年轻爸妈。有一天，新认识的刘姐拉着我去参加一个头脑开发的活动。活动开始后主讲人告诉家长们，他们将用最先进的方式对孩子进行大脑开发，在他们的引导下，家长想开发孩子的左脑就开发左脑，想开发孩子的右脑就开发右脑，而且只要不要求孩子成为爱因斯坦，家长想达到什么样的水平他们都能做到。

我告诉刘姐："这样的活动你以后就别参加了，他们不是专业的，只不过是哄家长、孩子开心而已。'想开发左脑就开发左脑，想开发右脑就开发右脑'，纯粹是不负责任的信口开河。"刘姐听了我的话，可能也意识到他们说得有点儿“大”，有点儿不负责任，后来再也不去了。

人们现在认识到孩子的大脑并不神秘，并且用各种方法对大脑进行开发。但是对大脑的开发也是有一定限度和科学方法的，并不是像那些人所说的想开发哪里就开发哪里。

年轻的爸爸妈妈们要想对孩子进行大脑开发，首先就要认识孩子的大脑，揭开大脑的神秘面纱，从孩子的语言、形象思维、空间智能等多方面进行引导，只有对大脑有一定的科学认识才可能进行合理的开发。

妈妈有话说

人们常说现在的中国人缺少创新能力和创造力，思维趋同，干什么事要么“一窝蜂”，要么“一刀切”。要想打破这种僵局，就要从孩子们身上下工夫。爸爸妈妈要认识到孩子的改变首先是从大脑开始的，爸爸妈妈认识了孩子的大脑才能更好挖掘对孩子的无限潜能，让孩子成为出类拔萃的人才。

专家方案

1. 人的大脑是一个整体，不能硬生生地进行左脑开发，同理，也不能硬生生地进行右脑开发。左脑同样具有右脑的功能，右脑也同样具有左脑的功能，只是各有分工和侧重点而已。开发左脑、右脑指的是对左脑、右脑工作的侧重点进行有目的、科学的刺激，挖掘出孩子的潜能。

2. 爸爸妈妈要想对孩子进行大脑开发，就需要充分了解孩子的大脑，以正确的方法进行引导，切记不可盲目。

你的宝宝是右脑型人才吗

右脑型测验：

1. 清楚记得初次见面的人的面孔。
2. 喜欢用木头或天然材料制造的东西。
3. 肚子不饿就不肯吃东西。
4. 挨骂后不会闷闷不乐。
5. 对新的玩具和游戏立即感兴趣。
6. 热衷收集组合模型。
7. 清楚记得电视或画册上人的脸或表情。
8. 喜欢模仿大人做运动的姿势，也想学着做做看。
9. 经常想与别人一起进餐。
10. 说话时常以动作、手势来帮助说明。
11. 散步时边走边东张西望看四周景色。

测试方法：

上面各项回答“是”计 1 分，回答“否”计 0 分。

测试分析：

如果宝宝以上测验得分较多：说明宝宝属于右脑类型，灵感、直觉、创造性、感性等由右脑分管的能力发展较好。

右脑开发不宜过度

几年前，我回到农村老家，一路上都看到“再苦不能苦孩子，再穷不能穷教育”的口号。老家的亲戚也高兴地和我们说现在农村孩子的教育很好，免费教育让家里少拿了不少钱，很多以前上不起学的孩子现在也走进了学校。

前段时间我又听到“再苦不能苦孩子，再穷不能穷教育”这句话了，说这话的是朵爸的表姐。前几天表姐来我们家，朵朵自己在客厅里玩。表姐问我：“朵朵没有上什么兴趣班吗？”我告诉她：“没有，她才多大啊。”表姐不愿意了，说：“她还小啊？都快3岁了。我儿子这才2岁，我已经给他报了两个早教班了。现在哪个家长不是提前就给孩子报这个班那个班的，你们又不是没有钱，怎么不给朵朵报几个班啊？再苦不能苦孩子，再穷不能穷教育。”看着激动不已的表姐，我有点儿无言以对。

现在市面上早教班、兴趣班密集，都是像表姐那样的家长催生出来的。这些爸爸妈妈似乎更心急一些，他们要求孩子赢在起跑线上，并且给孩子画的起跑线越来越近，巴不得孩子一出生就会学习，就能进步，就可以成为学习明星。这些爸爸妈妈的理论是：孩子大脑的发育到了一定年纪就完成了，所以智力和兴趣一定要早早开发，晚了就来不及了。

可是他们这种提前开发、过度开发的做法，对孩子来说真的合理吗？我上次看到表姐的儿子了，刚刚2岁的孩子，每天玩乐的时间很少，不是跟在爸爸的屁股后面读《三字经》《弟子规》，就是跟着妈妈一起去上这样、那样的早教班，小小年纪一点儿都不快乐。

在我的认识中，对于不到 3 岁的孩子来说最重要的是开心和健康，对他们大脑的开发仅限于合理、适度。

早教班、兴趣班，其实都意在对孩子进行大脑开发，当然，其中也包括对孩子进行右脑开发。右脑，被称为“图像脑”，它的功能是处理声音和图像等具体信息，具有想象、创意、灵感和超高速反应等，因为它有感性和直观的特点，所以又被称为“感性脑”。几乎每个人在出生时都具有成为天才的先天条件，在 3 岁以前活跃的主要是右脑，然而在成长过程中对左脑使用得越来越多，而右脑却使用得越来越少，再加上应试教育使右脑功能长期被压抑并逐渐进入沉睡状态，因而右脑所特有的想象力、创造力、超高速记忆能力和灵感等这些成为天才的能力就没有得到发展的机会。如此说来，对右脑进行合理开发，是可行的、必要的。

但是任何事物都是利弊共存的，有好的一面，自然也会附带着一定的弊端。过度、过早开发孩子的右脑，会带来很多不好的影响，具体表现为以下几点：

首先，人为安排的环境剥夺了孩子的大脑适应环境的能力。大脑里的任何一部分功能太强大了，就会相应地压抑其他部分的功能。爸爸妈妈过早让孩子参加早教班，用早期干预的方法不断刺激孩子的大脑，违背了大脑发育的自然规律。小孩子是吸收刺激直接反应，复杂的大脑皮质思维还没有发育好，被动接受刺激，直接后果就是孩子对其他信号的反应会变慢。

其次，对孩子的大脑进行有意识的刺激，还可能对孩子长大后的情绪造成影响。人的记忆是很有趣的，和情绪感受关系越大的记忆得越深刻。孩子对引起恐惧、焦虑、抑郁等情绪感受的环境和事物的记忆特别强烈，也会常常因相似的环境事物引起同样的恐惧和抑郁等情绪，这对他们的成长是极为不利的。

最后，过早地进行大脑开发，妨碍了孩子探索周围现实生活和世界的兴趣。孩子过早地进入到大人安排的世界，必然就会减少自主探索周围世界的乐趣和时间。孩子在接受别人见解和观念的同时，自己思考得很少。这样下去孩子自己动脑、动手去发现问题、解决问题的能力就慢慢减弱了。爸爸妈妈要给孩子留出足够的时间，让他们自己去体验，慢慢领会周围的世界，这样孩子的大脑才能得到真正的开发，自身的能力也才能慢慢得到增强。

记得有一次，我带着朵朵坐火车，在候车室里看到一个小孩子，只有3岁多，坐在他爸爸的腿上背《三字经》，“人之初，性本善，性相近，习相远……”我逗他：“小朋友，你真厉害，你知道背的是什么吗?”小孩大声地说：“《三字经》，我早就会背了。”看着他骄傲的样子，我又问他：“你真棒，谁教你的啊?”小孩说：“我爷爷教我的，他还教了我好多呢。”小孩的爸爸跟我说：“其实他根本不懂这些的意思，不过老人要教，那就教吧，就当玩吧!”

是啊，不到3岁的孩子他能理解什么？又能刻意记住什么？爸爸妈妈要做的仅是引导、开发，并不能要求孩子更多地学习。过多地给孩子输送一些“知识”“方法”，并不一定能带给孩子多大的好处。

有一个事实很多爸爸妈妈并不一定知道，那就是他们所在意的、所培养的孩子的“本领”，随着孩子长大有可能慢慢地消失了。科学家通过对婴儿的试验和观察发现：八九个月以下的婴儿有两项特殊的本领，一是能够辨认不同的猿类面孔，二是能够分辨出极其细微的语言发音差别。如果能把孩子的这两项本领开发出来，以后孩子的目力和耳力将相当惊人。但之后科学家又提出，孩子的这两样本领过了8个月之后就会消失殆尽。

科学家为了证明这一事实，同时也为说服家长，进行了长期的研究，最后得出一个结论，那就是辨认猿类面孔以及细微发音差别对于婴儿的生存来说没有更多的好处，反而侵占了有用的空间，因此大脑自动“删除”了这些功能。所以，对于孩子太早出现的本领，没有开发的必要，也没有开发的可能。

大脑在发育的过程中，并不是无限量生长的，大脑会进行自我“整理”，保存有用的链接，摒弃无用的部分。有的爸爸妈妈试图通过早期人为的刺激来进一步开发孩子的大脑，早早给孩子报各种各样的兴趣班，为的是不漏掉任何一种可能开发出来的“本事”。可是大脑却不一定领这个情，很多对于当时的年龄来说并不适合的东西，大脑会自然舍去的，并不会长期发展下去。

那么，家长究竟怎样做才是正确的呢？年轻的爸爸妈妈首先要认识到孩子的大脑发育有其规律，不能过度、过早地开发。开发孩子的大脑及智力应当遵循先形象思维再逻辑思维的道路，先大力发展孩子的形象思维，并在这个基础上丰富孩子的语言、词汇，逐步发展抽象思维。也就是说，要先进行右脑的训练，然后才是左脑的训练，这样才符合孩子智力和心理发展的特点。

妈妈有话说

很多爸爸妈妈以及长辈认为，在对孩子进行智力训练时，越早地进行大脑潜能的开发越好。其实，孩子在出生的时候大脑里有几百亿个神经元，通过自身的成长，以及外界的刺激，神经元之间形成链接，孩子的大脑逐渐发育完善。孩子在慢慢长大的过程中逐渐具备与其年龄相符的反应、技巧、能力和记忆，这些链接不仅仅关乎知识的获取，更重要的是可帮助孩子塑造思维方式及个性品格。

专家方案

1. 人不可能发展所有的天赋和潜能，不可能成为什么都精通的全才。
2. 顺其自然地让孩子成长，就会有收获的一天。

常用左手，右脑更发达

有一天单位加班，家里实在没有人带朵朵，我只能把她带到单位。中午在食堂吃饭，朵朵就成了同事们的开心果，一会儿这个逗着玩，一会儿那个哄着笑。

我们好几个人围在一起吃饭，朵朵低声跟我说："妈妈，那个叔叔用错手了。"说着指了指我们对面的小张。我看了一下，原来小张并不像我们是右手用筷子，而是用左手。我对朵朵说："叔叔没有错，他只是用筷子的习惯和我们不一样罢了。"小张知道我们在说他，不好意思地笑了。他说："这也怪我妈，我小的时候她总是说用左手的人右脑发达，会更聪明，总是教我用左手。现在我除了写字不用左手，吃饭、干活儿都是用左手。可是，我也没发现自己比别人聪明啊。"

大家都哈哈大笑起来，我说："小张，你还不聪明啊？你总是能想出让人意想不到的点子，已经是相当聪明了。"

常用左手真的会更聪明吗？习惯用左手的人特点在于，他们多用左手，常刺激右脑，或者说是由于右脑为优势半脑而惯用左手。

常用左手或者说惯于用左手的人，他们的大脑和常人有区别吗？

在前文中我们已经介绍过，人类的大脑分为两个半球，左半球支配右半身的活动，具有处理语言、进行抽象思维、逻辑推理、数字运算及分析等功能；右半球则支配左半身的活动，主司节奏、想象、总体形象、空间概念、音乐等。两半球由横向神经纤维（胼胝体）相连，胼胝体负责大脑两半球之间的神经信息传导。

惯用左手的人，右半脑接受的刺激相对多一些，所以相对而言，惯用左手的知觉、空间感和把握全局的能力都可能更强一些。同时，他们的胼胝体更发达，动作上相对更敏捷。

惯用左手的人表现出很多优点，比如，惯用左手的人更富于形象思维。形象思维是右脑的主要智能之一，长期用左手的人右脑总是被刺激，形象思维能力更强一些。惯用左手的毕加索说："画家将他的眼中所见打碎，同时赋予它另一种生命。画家该让自己的眼睛像脱离樊笼的金翅雀那样，离开了笼子，鸣声才好听。"毕加索能成为 20 世纪现代艺术的魔术师、超级画家，应该与他用左手作画带来的右脑思维特质有关。

惯用左手的人更敏捷。一般来说，对于不需要进行面对面搏斗的运动，如游泳、田径、射击等，惯用左手的运动员所占比例并不高。然而，对于那些面对面的搏击项目，如击剑、乒乓球、篮球等，惯用左手的运动员比例明显较高。因为专长于感知空间和知觉功能的右脑指挥左手，使惯用左手的运动方式更易于发挥视觉、空间感知功能，所以，惯于用左手的运动员参与面对面搏击项目，出手快、准、狠。

惯用左手的人心思更为细腻。右脑还控制情绪、想象，在生活中，由于惯用左手更多用右脑来思考，因此用左手的人会比常人有更多创意，对身边的事物亦会比较敏锐。

在此指出惯用左手的人的一些特质，并不是想让所有孩子都成为惯用左手的人，而是要让大家了解左撇子并不是缺陷，反而能给这类人带来一定的优势。既然用左手有那么多好处，爸爸妈妈不妨偶尔让孩子试着用一下左手，刺激一下右脑。只不过在很多人都常用右手的条件下，习惯性地用左手，多多少少有些不方便。所以还是主张孩子更多用右手来吃饭、学习。

爸爸妈妈先要认识到，很多孩子惯用左手都是遗传而来的，并不是孩子后天养成的。绝大多数孩子惯用左手的习惯是家族遗传，如果爸爸妈妈其中一人是左撇子，孩子习惯使用左手的机会就会相对提高。从研究数据来看，大部分惯用左手的孩子，都可以从亲属中找出有相同情况的长辈。

孩子用手的偏向性是逐渐显现的，对于1岁以内的孩子来说，看不到他有明显的偏好。比如，给他递100次玩具，他可能用左手接48次，用右手接52次，没有明显的差异。但是1岁半至3岁的孩子，随着手的动作控制精细性的增加，用手的偏向性开始显现。但是孩子用手的倾向要稳定下来，通常需要更长的时间。一般要到三四岁时，孩子的用手习惯才会基本固定，有的孩子甚至要到小学三四年级才能稳定下来。

爸爸妈妈要体谅和尊重孩子，在孩子刚开始学习各种技能时，弱势的左手孩子需要更多的帮助和支持。比如，在孩子学习系鞋带、拿餐具、系纽扣等需要精细动作的事情上，爸爸妈妈可以和孩子面对面做示范，放慢动作，这样孩子可以以大人为镜，模仿大人的动作。不能强迫左手孩子用右手，特别是遇到孩子操作具有难度的精细动作时，一定不要强迫他。

适当活动左手，尽量让孩子学会“左右开弓”。比如，让惯用左手的孩子学着用右手捡球；同理，惯用右手的孩子可以学着用左手捡球，多种刺激对孩子的综合发展有帮助。

朵朵1岁多开始学着用勺子吃饭，其实她都是用手抓的。我发现她有的时候用左手抓，有的时候用右手抓。我问朵爸：“朵朵以后会不会成为一个左撇子啊?”朵爸冷静地告诉我：“没事，我们家没有左撇子，你们家也没有，朵朵成为左撇子的可能性很小。现在她想用哪个手就用哪个手，等大一点儿了再告诉她尽量用右手。孩子的注意力本来就不集中，你越提醒她用右手，她越想用左手，现在还是不提醒她为好。”于是我放任朵朵自由用手，现在朵朵快3岁了，没有成为左撇子。

多用左手可以刺激右脑，爸爸妈妈可以适当让孩子多用一下左手。当然，对于那些习惯性用左手的孩子，爸爸妈妈也不要着急，多给孩子一些理解与尊重，多为孩子创造一个用右手的环境，让孩子的生活更方便。

妈妈有话说

爸爸妈妈尽量让孩子用双手，因为在双手操作中，同时刺激了左脑和右脑。但是遇到孩子要操作精细动作时，例如，吃饭、画图等就别强迫孩子一定要左右开弓。如果有可能，让孩子右手写字、左手做事，那就是对孩子的双手和大脑最好的刺激和保护。

专家方案

1. 习惯使用左手的人，其大脑占优势地位的是右半球；习惯用右手的人，其大脑占优势的是左半球。给惯用左手的孩子一个用右手的环境，避免孩子与他人发生磕碰。

2. 当孩子1岁左右的时候，爸爸妈妈可以试着把东西放在孩子的右边或右侧，尽量制造孩子多使用身体右半侧的机会。

3. 爸爸妈妈千万不可以强迫孩子一定要用右手或左手，或以言语不断纠正，那样做容易使孩子害怕，有挫折感，变得不喜欢动手操作。

用爱，给大脑开发加油

在朵朵出生前，朵爸一直是个洒脱的人，想去一个地方哪怕半夜他也会立即动身。可是朵朵出生后，他就变了，变得懂计较，变得会思量，很多计划、想法，都因为朵朵而改变。朵爸说："有了朵朵，我要尽量多陪陪她，给她更多的关爱，让她身体健康，心理也健康。朵朵健康成长，对我来说比什么都重要。"

自从有了朵朵，朵爸很少出差，就算要出差，他也尽量做到快去快回。我笑他："有了朵朵，你的工作效率提高了很多嘛。"朵爸说："我要尽可能地多陪着她，让她知道自己有一个爱她的爸爸。"不得不感叹，朵爸是一个好爸爸。

我告诉朵爸："你这样陪着朵朵，不仅让她感受到了爱，还让她更好地开发了自己的大脑。"朵爸也及时地夸奖了我："你成天都陪着她，她哭啊闹的，也没见你对她发过脾气，实在是个好妈妈。但愿朵朵在我们的爱护下健康、快乐成长。"朵朵亲了一下朵爸，又亲了一下我，说："爸爸，妈妈，我爱你们！"把朵爸逗得大笑起来。

爸爸妈妈一起陪着孩子，不仅让孩子感受到了家庭的温暖，也让孩子有更多的机会、更多的条件去开发自己的大脑。不能说有关爱的孩子就会更聪明，但是在家人的关心、爱护下成长的孩子，身体和心理会更健康。

0~3岁的孩子最需要爸爸妈妈的陪伴，如果爸爸妈妈经常不在身边，就是吃饭、睡觉这样的小事，对于小小的孩子来说，也是大事。有了爸爸妈妈的陪伴，生活中就没有困难，孩子会感到更安全、更幸福，同时也会更自信。爸爸妈妈经常陪伴的孩子，接受新鲜事物会更快。

现在离婚率逐年攀升，出现了很多单亲家庭，有的孩子很小就离开了爸爸或妈妈。在物质上，这些单亲孩子或许并不缺少什么；但是在情感上，他们缺少的远远不只他们表达出来的那么少。在孩子幼小的时候，我们看不出这些孩子和普通的孩子有什么区别，但是随着孩子的长大，这些单亲孩子在智力上、体力上，以及情感上，或许就会和普通孩子出现一些区别。

我们小区有一个孩子名叫凡凡，在他2岁的时候爸爸妈妈就离婚了，他一直跟着妈妈住在姥姥家。现在凡凡5岁了，可是不管到哪里都很怯懦，不太像个男子汉。一次凡凡妈妈遇到我，对我说："也许我离婚是错误的，当年，凡凡爸爸爱打牌，凡凡的爷爷奶奶又惯着他，我一赌气就离婚了。后来，凡凡一直跟着我住在我妈家，我爸早就不在了，家里没个男人，凡凡没地方学男人样，说话、做事就跟女人一样。这以后应该怎么办啊?!"凡凡爸爸我也认识，现在已经不再打牌了。我劝凡凡妈妈："既然凡凡爸爸已经改了，为了凡凡，你就跟他复婚吧。凡凡和他爸爸生活在一起，慢慢就会有男人样了。"后来凡凡的爸爸妈妈复婚了，凡凡成天和他爸爸在一起玩。现在凡凡热情开朗，越来越像个小男子汉了。

年轻人为了生活而奔波，很多人都顾不上孩子，只能把孩子放在爷爷奶奶家、姥姥姥爷家，这些孩子成了留守孩子。留守孩子有了爷爷奶奶、姥姥姥爷的关爱，物质上并不缺乏。但是老人的岁数大了，并不能给这些孩子太多精神上的帮助，更不用说什么智能开发了。

我的表哥表嫂一直在南方打工，孩子林林出生后不到半岁，两人就出门打工了，林林一直和爷爷奶奶一起住，成了标准的留守儿童。过年的时候我们回老家，专门去了趟表哥家。朵朵和林林差不多大，可是林林却在很多方面不如朵朵。表哥笑着说："真是乡下的孩子上不得街，和朵朵在一起，她说话都少多了。"表嫂叹着气说："哪里是乡下的孩子上不得街，是我们陪她的时间少，她胆子小，和朵朵那样在爸爸妈妈身边长大的孩子比起来，她说话、做事都有差距。"我们在表哥家玩了一天，林林的胆子慢慢大起来，和朵朵一起玩得很开心。看来真的应该让孩子和爸爸妈妈在一起生活，那样，孩子的各方面才能更好、更快地发展。

现代生活中还存在这样一种普遍现象：孩子虽然生活在爸爸妈妈身边，但家长没有足够的时间去关爱孩子。清早去上班的时候，孩子还在熟睡；工作的时候，也抽不出时间打个电话；晚上回去的时候，孩子已经在睡梦中了。一整天，爸爸妈妈陪了孩子多少？爸爸妈妈又了解了孩子多少？陪孩子进行了哪些智能开发？

前一段时间去考察了几个早教班，看到陪同孩子的很多都是爷爷奶奶、姥姥姥爷。早教老师告诉我，一般情况下，爸爸妈妈会以各种各样的理由不陪孩子去，或是妈妈一人陪着去，或是爸爸一人陪着，有的干脆是老人、保姆陪着去。

爸爸妈妈不陪着孩子上早教课，影响大吗？早教专家指出：上早教课，很多内容需要爸爸妈妈陪孩子共同完成，爸爸妈妈一定要抽出时间亲自去早教班，最好两个人都去，这样孩子会更有自信，更早建立起安全感，进而更快地融入集体，对于将来的学习成长和集体活动都有好处。

0~3岁正是大脑开发的黄金期，爸爸妈妈不在身边，孩子缺少爸爸妈妈的鼓励与支持，这样一来，爸爸妈妈缺席的不仅是孩子美好的童年，更是孩子大脑开发的黄金时期。

即使爸爸妈妈再忙，也应该抽出一点点时间跟孩子做一些互动。年轻的爸爸妈妈一定要认识到：陪孩子，不仅是增进与孩子的感情，更是帮助孩子在黄金期开发大脑。

爸爸妈妈一起陪着孩子，最简单的方式就是一起外出去玩，一起到大自然里看风景……有时候，就是那一点点的小事，有了爸爸妈妈的陪伴，孩子的心里就会感到更安全，精神放松了，大脑就可以得到更好发展。

亮亮只有2岁，身体很好，聪明活泼。亮亮爸爸骄傲地说："这都是因为我的原因。我就算工作再忙，也一定会抽出时间陪孩子运动。"亮亮爸爸说他经常带着孩子运动，因为孩子小做不了什么"大"运动，他们就常常一起做操，有的时候还在地上打滚。亮亮爸爸说："经常运动不仅锻炼了孩子的体能，促进身体发育，还能让孩子保持积极、阳光、开朗的心态。我现在发现他的听觉能力很强，做事有条理，以后说不一定是个射击运动的好苗子。"亮亮听爸爸这样说，也高兴地喊："我要打靶去！"

亮亮妈妈一直守在他们旁边，她说："我没有运动天分，但是我会守在他们身边，给他们当助手。"看着其乐融融的一家三口，看着亮亮假装举枪射击的样子，相信以后他真的可能成为一个射击高手。

孩子天生爱玩，爱运动，爸爸妈妈陪着孩子一起玩，一起运动，正是投其所好，孩子一定会接受的。爸爸妈妈陪着孩子，不仅确保了孩子的安全，还让孩子在内心里感到幸福、轻松、愉快，从而可以更好地玩乐，开发智能。

不到3岁的孩子虽然不懂乐理，不知绘画为何物，但是他们喜欢随着音乐舞动，拿着画笔涂鸦，学着电视节目扭动身体。爸爸妈妈要给孩子提供接触音乐、美术、舞蹈等的条件，让孩子去感受艺术带来的乐趣。

不到3岁的孩子是淘气的，同时又是可爱的，他们对这个世界充满了好奇，总是在不停地探索。爸爸妈妈应该给孩子一些自由的时间，让他去探索世界。只要孩子的行为是安全的，就不要干涉，随便他做什么。当孩子在爸爸妈妈身边调皮捣蛋的时候，偶尔有些令人惊喜的表现时，要记得大声地夸奖；当孩子做了错误的或惹人生气的事的时候，爸爸妈妈也不要斥责他，要及时给予安慰和鼓励。总之，爸爸妈妈不能因为各种理由或借口，把孩子丢给长辈及保姆，毕竟爸爸妈妈的爱和引导，是任何人也无法替代的。

前不久，朵朵在家又干坏事了，把朵爸的一件白衬衣给毁了。朵朵看到我在洗衣服，就赶紧收拾她自己的衣服。我让她把衣服放在洗衣间，我一起洗。嘱咐完我就去打电话了，心想一会儿就来洗衣服，应该没有什么事。等我打了10分钟电话，才发现自己错了。朵朵把所有的衣服都放进了洗衣机，我刚买的蓝色牛仔裤和朵爸的白衬衣搅和在一起，等我把这些衣服都捞出来的时候，朵爸的白衬衣已经变成蓝色了。

朵爸看到朵朵的“杰作”并没有生气，他告诉朵朵：“朵朵，你现在还不能洗衣服，等你大一点儿，我们全家的衣服都要归你洗。以后要听妈妈的话，只要是没嘱咐让你做的，就不要做。”朵朵听话地点点头，到自己屋玩玩具去了。我问朵爸为什么没责骂女儿，朵爸说：“她才多大啊，我们要允许她犯错。”朵朵也没有辜负朵爸的疼爱，后来再也没有犯过那样的错误。

小孩子都喜欢游戏，折纸、做手影、吹泡泡……都是简单的游戏。这些游戏里都充满了智慧，孩子每玩一次游戏，大脑就受到一次良性刺激。爸爸妈妈要陪孩子尽兴地玩，孩子才会对爸爸妈妈更加亲近。爸爸妈妈和孩子一起玩时尚的、孩子爱玩的游戏，还可以让爸爸妈妈增长见识，和孩子一起成长；爸爸妈妈陪着孩子玩自己小时候玩过的游戏，不仅让孩子体会到游戏的乐趣，也可以让爸爸妈妈回味一下自己的童年。

游戏可以开发孩子的想象力，如折纸，一张普普通通的纸，在灵巧的手的折叠下变成了小衣服、小青蛙、小笔筒等。游戏也可以培养孩子的数学智能，简单的跳房子游戏可以让孩子认识数字……爸爸妈妈不要小看这些小小的游戏，说不定孩子就从游戏中学习了有用的东西，开发了自己的大脑。爸爸妈妈放开心胸，让孩子由着性子去玩吧，确保着他的安全就可以了。

爸爸妈妈对孩子的爱不仅体现在陪孩子玩乐上，还体现在理解孩子上。爸爸妈妈是孩子最好的倾诉者，有的时候爸爸妈妈什么也不需要做，只听孩子说就行了。爸爸妈妈耐心聆听孩子的倾诉，及时回应孩子，这样在不知不觉中，孩子的语言智能就会提高。当然爸爸妈妈一定要有耐心，不要认为孩子的问题太没技术含量而不予回答，或者认为孩子的问题太幼稚而笑话孩子，长期这样下去，孩子不敢开口说话，语言智能就无法提高。

朵朵很爱说，也会说。这是因为从她会说话的时候开始，我们在家对她所提出的每个问题都进行互动，只要她问，我和朵爸就答。有的时候朵朵的问题听起来很简单，但很难回答。比如，有一次她问我：“妈妈，我是从哪里来的？”我说：“你从北京来的啊，因为你出生在北京。”朵朵说：“不是，我是说你是怎么生我的。”这个问题不太好回答，我决定走迂回路线。我告诉她：“爸爸给了妈妈一颗爱的种子，妈妈把这个种子放在肚子里，慢慢地她就长大了，那就是你啊。等到你大到妈妈的肚子装不下了，妈妈就把你生下来了。”朵朵对这个答案很满意，到小区里去教别的小朋友，让小朋友都知道自己是一颗爱的种子。

每一个孩子都是爸爸妈妈爱的种子长大的，无论是爸爸还是妈妈，都是孩子最爱的人，也是最爱孩子的人。爸爸妈妈一起陪着孩子，才能更好地开发孩子的大脑。如果爸爸妈妈缺席了，偷懒了，孩子缺少的不仅仅是亲情，更是智能开发的机会。年轻的爸爸妈妈们，为了孩子，请忙里偷闲，多陪一陪孩子，让孩子在爸爸妈妈的关爱下健康成长。

妈妈有话说

孩子是爸爸妈妈爱的结晶，不仅仅是爸爸的，也不仅仅是妈妈的，无论是爸爸还是妈妈，那些把孩子推给对方的说法和做法，都是错误的。

爸爸妈妈用爱多陪陪孩子，给孩子的不仅仅是温暖，更多的是心理上的安慰。只有这样，孩子的大脑才会开发得更好。

专家方案

1. 经常运动不仅锻炼了孩子的体能，促进身体发育，还能让孩子保持积极、阳光、开朗的心态。

2. 孩子需要一些随性玩耍的时间，例如，蹲在路边看蚂蚁爬行、观察蜘蛛结网、给星星取名字等。

3. 游戏是孩子的天性，爸爸妈妈要陪孩子尽兴地玩，孩子才会对爸爸妈妈更加亲近。

4. 爸爸妈妈耐心聆听孩子的倾诉，及时回应孩子，这样在不知不觉中，孩子的语言智能就会提高。

第二章

开发形象思维智能，让宝宝插上想象和创造的翅膀

所谓形象思维是指儿童依靠事物在头脑中的具体形象进行的思维，即依靠具体事物的表象以及对具体形象的联想而进行的思维。在这个阶段，宝宝主要还是通过感官来进行学习和认知，他通过感觉、触摸、观察等方法来了解周围的事物，并在脑海中形成具体的形象，可以把记忆里的事物和具体事物联想起来，并初步理解时间的概念，知道姓名、性别等一些简单的生活常识。这个阶段的宝宝对模仿成人的行为充满兴趣，如拿起梳子自己梳头、抓起电话咿呀学语。

飞机是模仿鸟儿做成的

朵朵3岁了，可是她从来没有坐过飞机。前段时间，老同学芬来我们这边出差，她回去的时候我决定带着朵朵去机场送她。在机场送别了芬，我和朵朵就远远地看飞机。我问朵朵："朵朵，你看大飞机像什么啊？"朵朵盯着看了好一会儿，说："妈妈，我不知道，它好大啊。"那么近距离地观察飞机，朵朵当然看不出来。

在机场玩了一会儿，我和朵朵坐机场大巴离开了。在大巴上，我们看到一架飞机升了起来，朵朵看着窗外大声对我说："妈妈，飞机就像一只大鸟。"我想起在机场我问朵朵的问题，告诉她："飞机就是模仿鸟儿做成的啊，世界上很多东西都是模仿做出来的。你现在还小，很多事情都是通过模仿来学习的。"朵朵听完似懂非懂地点了点头。

对孩子来说，模仿是一种天性，从孩子降生的第一天起，他就开始模仿了，爸爸妈妈说的话、面部表情、动作……哪一样都成为孩子模仿的对象。到2岁以后，大部分孩子开始对爸爸妈妈如何使用物品产生很大的兴趣，比如，他想学习爸爸妈妈是如何使用电话、钥匙、瓶瓶罐罐和电视遥控器的。

孩子的形象思维是从模仿开始的，刚出生的孩子哪里有自己的形象思维啊，他都是在他人的引导下慢慢认识世界的。对于孩子来说，学着去做，就是最好的学习。

早在20世纪80年代，就有心理学家对婴儿的模仿行为进行了研究。研究表明，在出生后最初的4小时里，婴儿就可以模仿成人张开嘴，噘起嘴，在嘴里动舌头。这些看起来简单的动作，已经表明婴儿具有模仿的能力了。

朵朵2个月的时候，朵爸常常对着朵朵咂嘴巴，我对他说："你别这样，朵朵会学的。"朵爸说："怎么可能呢？朵朵只有2个月。"结果，有一天朵爸再次对着朵朵吧吧地咂嘴的时候，朵朵也响亮地咂了咂自己的小嘴。我笑道："你看你看，谁说朵朵不会学的？别看她小，模仿能力很强的。"朵爸从此再也不敢在朵朵面前有什么"不当"行为了。

孩子模仿的对象主要就是自己的爸爸妈妈，孩子不仅会模仿爸爸妈妈的行为，也会模仿爸爸妈妈的语言、神态等。孩子最喜欢模仿爸爸妈妈的行为和举止，扮大人样。初学语言的孩子，一开始就是模仿和重复周围人对他说的话，所谓"牙牙学语"，就是这个意思。

朵朵2岁的时候对我的生活用品极感兴趣，只要是我的东西她都要摸一摸、看一看。有一天大清早，我起床做早餐，朵爸陪着朵朵睡觉。我正在厨房忙活呢，听到客厅里传来咚咚咚的声音。我赶紧跑过去看一看，结果看得我是又气又笑。原来朵朵自己爬起来了，穿着背心裙，套着我的高跟鞋在屋子里打转。我立马把她的高跟鞋脱了下来，告诉她楼下的叔叔阿姨还在睡觉呢，这样会吵着他们。朵朵说："妈妈，我也要上班去。"朵爸也睡眼惺忪地从卧室走了出来，看着朵朵说："朵朵，等你长大了才能去上班，也只有等你长大了才能穿高跟鞋。"朵朵听到我们都这样说，笑了起来。

孩子不仅从爸爸妈妈这样的成年人身上模仿一些东西，还喜欢模仿同伴，一起玩耍的小伙伴自然也成了模仿的对象。

有一次，我带着朵朵去儿童游乐中心玩。在游戏区的天花板上挂着一个风铃，以往都会叮叮作响，可是那天却不响。平时风铃响的时候，小朋友们都不把它当回事，可是不响的时候大家都开始琢磨怎么让它响起来。可是风铃挂得太高了，小朋友们都够不着。这时，有个勇敢的小男孩拉来一把小椅子，站在上面，一伸手就够着风铃了。其他的孩子看到了，也纷纷去找来小椅子。大家都模仿那个小男孩的样子，而且一个比一个“神勇”。游乐中心的管理员觉得这样太不安全，把风铃摘下来挂到门口。听到风铃发出清脆的响声，小朋友们反而不感兴趣了，大家又四散开来玩其他玩具去了。

在孩子和小伙伴一起玩耍的时候，一窝蜂地玩一样东西，做一个动作，就是在模仿。爸爸妈妈不要认为这是孩子淘气，是跟屁虫，要让孩子自己去玩、去学习、去模仿，在学习他人的过程中慢慢成长。

孩子都喜欢看动画片，动画片里那些上得了天、入得了地的神奇人物就成了孩子模仿的对象。男孩子喜欢扮演奥特曼和超人，从床上到地上“飞来飞去”，和怪兽、坏人作战；女孩子想当公主或小仙女，穿着漂亮的裙子，手拿仙女棒。一个一个模仿得像模像样的。

带朵朵去商场，她站在玩具店前不动，指着一套粉红色的小衣服，说：“妈妈，我想要那个。”我实在想不通那么普通的衣服是怎么入得了朵朵的“法眼”的。服务员说那是动画片里女主角的衣服，现在的小女孩都喜欢那个。我也给朵朵买了一套，不是拿来穿的，只需要挂在身上就行。朵朵一路上就模仿着动画片里的动作，“飞来飞去”的。

然而，由于孩子的知识有限，有些模仿行为对孩子来说是很危险的。比如，孩子模仿卡通片中的小动物，把雨伞当作降落伞从家中窗户往外跳。因此，爸爸妈妈一定要对孩子模仿的对象加以限制，尽可能地陪着孩子，不让孩子做一些危险动作。

不到3岁的孩子，主要模仿什么呢？孩子能够跟随大人一起到处走走，到新的环境中进行探索。别小看跟屁虫一样的走，孩子正是从模仿大人走路开始自己的人生旅程的。孩子通过观察其他人，能够模仿一些新的行为并且有自我创新。这类模仿行为对孩子的大脑开发来说，是很需要的。

孩子都喜欢模仿，这与他们好奇心强是密切相关的。孩子看见别人玩什么，自己也玩什么；看见别人有什么，自己就想要什么。面对什么都想学、什么都要模仿的孩子，爸爸妈妈应该怎么做呢？

爸爸妈妈首先要特别注意自己的言行。孩子的模仿能力和他的生长发育情况及认知能力有很大的关系。不到 3 岁的孩子，比较好动，手和眼睛能够协调动作，逐渐开始学会用词了，而且，记忆力也更强了。一般 14 个月大的孩子就能够回忆起几周前或者几个月前他们看到的一些行为，并且能够自己模仿这些行为。如此说来，孩子正在密切地观察和模仿爸爸妈妈，以大人的行为举止为榜样。爸爸妈妈一定要把自己最好的行为展现在孩子的面前，格外注意自己的一言一行，让孩子模仿大人好的行为。

不到 3 岁的孩子其认知和判断能力都不强，可能是看到什么学什么，遇到什么模仿什么。这样一来，孩子极容易模仿到一些对其生理、心理发展都不利的东西。对待孩子的不良模仿，爸爸妈妈应该怎么办呢？

要引导孩子在模仿中学习正确的东西，摒弃错误的东西。孩子的辨别能力差，爸爸妈妈一定要让孩子有选择地模仿。随着孩子年龄的增长，接触事物范围的扩大，知识经验的积累，孩子开始模仿电影、电视、故事中的人物形象。爸爸妈妈应该适时告诉孩子哪些人物是可以模仿的，哪些动作和语言是可以模仿的，给孩子以正确的引导。

对孩子已有的不良模仿行为，爸爸妈妈应积极地加以纠正。如有的孩子喜欢模仿电影中的坏人，爸爸妈妈应告诉孩子，坏人干坏事，如果我们发现，就应该把他抓住，交给警察。这样，孩子就会憎恶坏蛋，而模仿警察这样的正面人物。

当孩子模仿大孩子行为的时候，如果爸爸妈妈每次都以微笑和赞扬的话对待他，那么他就会因为得到了鼓励而努力做得更好。

模仿不仅仅是人生开始的方式，也是打开形象思维大门的钥匙。爸爸妈妈应鼓励孩子去模仿他人，通过模仿他人的行为、语言，开启自己的人生路。

妈妈有话说

模仿不仅是孩子学习的一个重要方法，也是孩子能够正常与他人沟通和交流的体现。研究发现，自闭的孩子和神经系统紊乱的孩子都存在模仿他人的障碍。所以，1 岁左右的孩子是否已经有模仿他人的最初尝试，也常常被看作发育是否正常的一个标志。

专家方案

18~24 个月的时候，孩子如果还没有以下行为，就必须找儿科医生来诊治了。

1. 模仿大人的动作，模仿大人使用一些物品，如打电话。

2. 能说出 3 个字的简单句，能回答简单的提问。

3. 孩子是否会玩过家家的游戏，比如，把小碗给娃娃、喂娃娃吃饭等。

宝宝不是甜的

朵朵2岁的时候，面对陌生人会在我们的提示下喊“爷爷”“奶奶”“叔叔”“阿姨”，是个人见人爱的小宝贝。春节的时候我们带着她回老家，因为我们有好几年没回去，又是第一次带着孩子回家，所以家里来了特别多的客人。

虽然屋里屋外都是人，朵朵却一点儿也不害怕，展现出她胆大的一面。一个远房的亲戚来了，我让朵朵喊“爷爷”，朵朵冲着老爷子甜甜地喊了一声“爷爷”。朵朵的表姑丽丽进家门了，朵朵也在我的提示下喊“姑姑”。大家都夸朵朵，说她是个乖孩子。丽丽说：“朵朵，你长得甜，小嘴也甜，是个小甜妞啊。”朵朵问我：“妈妈，姑姑舔过我吗？我真的是甜的吗？”逗得我们哈哈大笑。

这就是孩子的形象思维，孩子的思维只是根据接触到的表面现象进行。往往只是反映事物的表面联系，而不是反映事物的本质联系。当别人说她甜的时候，她不理解这里所说的“甜”和糖的“甜”有没有区别。当然也不会思考其中的关系，只是奇怪为什么别人会这样说，是不是舔过自己的脸。

孩子的思维是具体而形象的，孩子能够掌握代表实际东西的概念，不易掌握抽象概念，比如，孩子能听懂和识别“桌子”“椅子”等概念，而不容易理解“家具”这个词，因为“家具”比“桌子”“椅子”抽象多了。

小区里和朵朵一样大的红红和方方到我们家玩，朵朵把自己“珍藏”的玩具拿给她们，3个小朋友玩得可开心了。我给她们准备了解暑又清凉的绿豆汤，她们都很喜欢喝。我说：“喝完绿豆汤的小朋友把碗放到厨房去啊。”3个人你看看我，我看看你，根本不理我。虽然朵朵和红红已经喝完了，但是她们并不准备把碗拿到厨房去。我只能具体一点儿地说：“朵朵、红红，你们喝完了，把碗拿到厨房去。”朵朵说：“妈妈，你说的是我们啊。”那语气和眼神分明是对我的说法不满意，然后和红红手拉手把碗放到厨房去。方方不等我说话，赶紧喝完绿豆汤，也把碗放到厨房去了。红红和方方的妈妈当时也在场，她们笑着说：“跟这样的小不点儿说话不说得具体一点儿，她就不懂什么意思。现在是听不懂，以后长大了是装不懂，反正我们这些当妈的都是受苦的命。”

孩子的思维就是具体的，“喝完绿豆汤的小朋友”是个泛指的词，没有具体指出哪个小朋友，而每个孩子的名字才是具体的。所以只有在我点了朵朵和红红的名字的时候，她们才乖乖地把碗送到厨房去了。爸爸妈妈在平时要根据孩子的思维特点来进行沟通，说话尽量具体一些，太过抽象的话孩子听不懂，容易造成误会。

孩子常常是依靠事物在头脑中的形象来思维，孩子的头脑里充满着颜色、形状、声音等生动的形象。兔子是“小白兔”，猪是“大肥猪”，奶奶是“白头发的老奶奶”，孩子是“哇哇哭的小宝宝”。“这里有6个苹果，我们2个人分，2个人要一样多，那么每个人应该得到几个苹果呢？”一般的孩子不会去算，而是要求拿出6个苹果让他数，一个原因是孩子还太小，没有认数、算数的能力，另外一个重要的原因就是不到3岁的孩子一般是形象思维，看到具体而形象的苹果，他才能弄明白每个人要分多少个苹果。

前段时间好朋友静问了我一个问题，0+0=？她问我这样简单的问题，背后的问题一定不简单。于是，我问她怎么了。静说：“我闺女3岁了，我问她

0+0等于多少，她竟然说等于2。你说这孩子她是咋想的啊？”原来是这样，难怪一向脾气急的静沉不住气。我告诉她：“你闺女才多大啊，她哪里懂0所代表的意思。你问她两个0加在一起等于多少，她当然认为等于2啊，因为她根本就不懂0是没有的意思，她只看到两个圈圈，当然是两个0啊。”

后来，静又问了一个幼儿园老师，对方也是这样回答的。静说：“看来我这急性子要改一改了，孩子太小，只会形象思维，我对她的要求太高了。”我笑着说她：“是啊，心急吃不了热豆腐。孩子嘛，慢慢引导就会好的，以后她长大一些，学会多种思考问题的方式，这点儿小问题就不是问题了。”

不到3岁的孩子已经有了一些生活经验，知道给小树浇水，小树会长得更好；给小狗喂骨头，小狗就会啃着吃；下雨的时候要打伞，不然会被淋湿等。对于只会形象思维的孩子来说，这些生活经验在深深地影响着他们。孩子有的时候会根据自己的生活经验来进行思考，不会多想，更不会在假设情景下的推理。

上次姨妈家的表弟海来我们家，看着长得高大壮实而又事业有成的他，我想起了他小的时候，是出了名的淘气包。姨妈爱养鸡，每天到鸡窝里捡鸡蛋就是海的“工作”。后来，姨父从外面买回来一只小猫，花白的小猫刚满月，“喵喵”叫着又可爱又可怜。过了几天，我到姨妈家，看不到那只可爱的小猫，就问姨妈怎么回事。姨妈说海每天抱着小猫挤蛋，挤了没几天，小猫就不行了。我生气地说：“猫怎么会下蛋呢，这个小笨蛋。”姨妈笑着说：“他只有那么点儿大，哪里知道啊，他以为猫和鸡一样会下蛋呢。我们一天又忙，不能一直盯着他，只要我们没看到他，他就去抱猫。”看着无奈的姨妈，想想那只可怜的小猫，我只想狠狠地打海两下屁股了事。

孩子的思维就是这样直接而形象，爸爸妈妈不要用大人的眼光、大人的思维来衡量，要尽量低姿态去跟随孩子的眼光和思维。当孩子问为什么别人是“甜妞”“辣妈”的时候，当孩子抱着小猫挤蛋的时候，当孩子说0代表蛋的时候……孩子是多么真实而可爱啊，他们的天真淳朴就体现在思维的直接性上。爸爸妈妈如果此时让孩子学会联想，学会推理，学会看人脸色说话，那么，无形之中，孩子的天真淳朴就被打压了。

爸爸妈妈要学会顺着孩子去看世界，开发和加强孩子的形象思维，让孩子更直观地认识这个美丽的世界。

妈妈有话说

形象思维会让孩子把身边的动物和一些物体当作人，他们把自己的行动经验和思维感情加到小动物或小玩具身上，和它们交谈。爸爸妈妈看到小孩子自己一个人和小动物或玩具没完没了地说话的时候，不要担心，他只是在和自己的“朋友”聊天。

但是爸爸妈妈也要注意，如果长时间让孩子一个人玩，一个人和玩具说话，容易影响亲子关系。可以让孩子和小动物、玩具说话，但是时间不能太长，不能完全把孩子交给这些“朋友”。

专家方案

1. 孩子的生活经验可能会误一些事，比如，一个 3 岁的孩子给埋在土里的小鸡浇水。爸爸妈妈需要做的是引导，而不是把自己的经验、方法强加给孩子。

2. 爸爸妈妈要保护孩子的童真，就要保护好孩子的感觉和想象力，有的时候就算孩子想法和说话太天真，也请支持他。

小臭美，爱看自己的照片

现在科技发达，有很多电子产品可以充当相机，记录生活中点点滴滴的美好。朵朵还在我肚子里的时候，朵爸就时常用相机、手机又是拍照又是录像的。等朵朵出生后，朵爸更是相机不离手，给她拍了无数的照片。

我隔上一段时间就会冲洗一些新出炉的照片，给照片加上膜，或是做成水晶相框。

朵朵最喜欢看她的照片，1 岁多的时候就抱着自己的满月照，不停地喊“宝宝，宝宝”。后来大一点儿会走路了，每次家里来客人，她就抱着自己的照片让人看。朵爸高兴地说：“小臭美，就爱看自己的照片。”

3 岁之前，是孩子情商和智商发展的关键时期，也是孩子具体形象思维的时期，对周遭事物都充满好奇。事实上，很多爸爸妈妈发现孩子在这一阶段会对图片、照片、镜子这些东西非常感兴趣。那么，爸爸妈妈能否利用照片之类的东西对孩子进行思维启蒙呢？

所谓“3 岁看大”，实物和影像的结合式教育，普遍被教育学家认为是启蒙教育阶段最重要的手段。爸爸妈妈在家里巧妙应用随手可得的照片、影像，就可以很好地起到家庭启蒙教育的效果，可以有效地激发孩子的智力发展。

0~3 岁的孩子的记忆力具有短暂性，爸爸妈妈可以经常将孩子的相册拿出来，问孩子：“这是谁？在哪里？在做什么？”这样，一是可以很好地发展孩子的口语表达能力和观察能力；另外，还可以增强孩子的记忆能力。对于经历过的事情，看到过的场景，什么样的描述都没有看到真实的照片可以引起孩子的回忆。孩子的思维又是那样直接、形象，看到照片，就算已经过去很久的事情，好长时间不见的人，孩子都可以想得起来。

我的闺密晓雨一直住在我们家附近，朵朵出生以后时常来我们家玩，经常给朵朵买好吃的、好玩的。按朵朵的话说晓雨不是阿姨，而是她的晓雨妈妈。

在朵朵1岁半的时候，晓雨要出国深造。出发前，晓雨和朵朵互相舍不得，我们还开玩笑让晓雨带上朵朵。晓雨专门买了一套母女装，在机场晓雨和朵朵穿着同样的衣服拍了好几张纪念照。前天，晓雨打电话给我，我让朵朵听电话，朵朵想不起来她亲爱的晓雨妈妈了，弄得晓雨挺伤心的。当天晚上，我翻出朵朵和晓雨在机场照的纪念照，朵朵一下子就想起了，大声地喊："晓雨妈妈，晓雨妈妈，你在哪儿啊？"我告诉她白天打电话来的就是晓雨妈妈啊，当即给晓雨打电话，正在忙碌的晓雨听到朵朵喊"晓雨妈妈"，激动地说："我还以为你这个小东西忘了我呢。"我告诉朵朵，以后想晓雨妈妈的时候就可以看她的照片，朵朵高兴地笑了。

爸爸妈妈可以给孩子拍各种照片，再把其他小孩子的照片和他自己的混放在一起，让孩子找出自己。这是一个很有趣的自我认知的活动，当孩子挑出自己的照片时，这就是他最初的自我认知的启蒙。每个孩子在自己爸爸妈妈的眼里都是天使，都是世界上最独一无二的宝贝。爸爸妈妈把自己家孩子的照片和别人家孩子的照片放在一起，孩子可以直观地看到自己和别人的不同，以不同点找出自己。这样一来，孩子的形象思维得到了巩固，同时孩子也知道自己和他人的不同。

不到3岁的孩子已经有了物品的所属感，如果直接告诉他："宝贝的水杯是红色的。""那个最小的椅子就是你的。"孩子不一定能记住，也不一定能找得准。孩子的思维是形象、直接的，他看到自己的照片就很容易理解哪样东西是自己的，哪样东西不是自己的。如果爸爸妈妈把孩子的照片贴在孩子的柜子、水杯和小椅子上，这样孩子看到照片就知道“这是我的”！

今年过年的时候，朵朵的爷爷给她买了一个小保温水杯，上面印着漂亮的粉红色的小仙女。朵朵超级喜欢这个小水杯。我告诉她既然喜欢，那就要爱惜，不能弄坏了，弄脏了。朵朵说：“妈妈，你们不要用我的小水杯啊。”我说：“好啊，可是我们家有好多粉红色的水杯，我怎么知道哪个是你的啊？”朵朵说：“我在上面贴上我的照片，那你们就知道了。”说完就去找她的照片，让她爷爷帮她贴到水杯上，高兴地告诉我们：“这个水杯是我的，上面有我的照片。”她爷爷笑着说：“我们朵朵就是聪明，想到了这个办法。”

对于孩子来说，开阔他的视野，有利于打开他的思路，让他的思维更为灵活。开阔视野的方法有很多，看书、看电视、出去旅游……可是有的时候爸爸妈妈却不一定有时间陪孩子，因为大人有永远也忙不完的事，工作、应酬，有时还要出差。爸爸妈妈如果在外地出差的时候拍一些照片回来，内容可以是风景、人物，甚至可以是热闹的大街，爸爸妈妈把照片的内容讲给孩子听，孩子虽然没有到过那些地方，但是听爸爸妈妈说，再看到实际的照片，真是身临其境，有更直观的形象思维，有助于开阔孩子的视野。

朵爸在朵朵出生以后就很少出差，但是在朵朵2岁多的时候公司的业务增加了，他不得不出差。每次出差，不论有多忙，朵爸都会跟朵朵打电话，还会拍一些照片，有的是他自己忙碌的身影，有的是当地风景，朵朵看到这些照片都会高兴地大喊：“爸爸，我也要去。”我说：“爸爸是去出差办事的，你去做什么啊？”朵朵说：“我也要去玩啊，那些地方好漂亮啊。”在那一年里，朵爸去了不少的地方，也带回来不少照片，朵朵通过这些照片，认识了那些爸爸走过的路、遇到的人，长了不少见识。如果没有那些照片，只凭朵爸给朵朵说，没有直观的形象刺激，相信朵朵也认识不了那么多，记得也没有那么深。

孩子的形象思维不是天生的，爸爸妈妈要多利用身边的条件去刺激、开发孩子的形象思维智能。如果孩子有兴趣，家庭条件又允许，爸爸妈妈可以多给孩子拍一些照片，或者让孩子也参与到拍摄中来，通过具体而形象的照片，让孩子的形象思维智能得到进一步的开发。

妈妈有话说

孩子天生就爱美，就算他只有两三岁，也照样爱美。很多孩子都喜欢自己那些照得美美的照片。爸爸妈妈多给孩子照一些照片，通过看照片来开发孩子的形象思维智能。那些被照相机所记录的点点滴滴，正是孩子成长中最为美好的时光，可以成为孩子最为珍贵的回忆。一举而多得的事，爸爸妈妈何乐而不为呢？

专家方案

1. 给孩子看他自己的照片，让他从照片堆里找出自己。爸爸妈妈陪着孩子一起找，在孩子与父母的互动中，孩子就认识了自己。

2. 如果孩子有兴趣，爸爸妈妈的经济条件也允许的话，摄影的确是种很好的形象思维开发方式。从镜头里发现美丽，不仅让孩子学会观察事物，而且有助于他集中注意力。

了解事物的分类

我和朵爸带着朵朵去逛超市。在水果区，朵朵看到了各式各样的水果后特别兴奋，大声地叫起来："这么多水果呀，有苹果、香蕉……"我问她："朵朵，你说说，你都吃过什么水果啊？"朵朵一边看一边说："我吃过香蕉，还有猕猴桃呢，那是什么水果我没见过……"说着说着朵朵就跑开了。

因为第二天家里要来客人，我和朵爸从超市买回了很多水果。晚上，我对朵朵说："朵朵，你把红色的水果都放在一起吧，记住一定要小心一点儿，不要把水果弄破了。"朵朵愉快地答应了。在朵爸的"监督"配合下，朵朵把红色的苹果、桃、葡萄放进了一个塑料袋，还把绿色的西瓜、杨桃放在一起。

这让我想起曾经看过的一本书，书里讲孩子的形象思维能力很强，可以很快将同颜色的东西进行归类。水果以其色彩斑斓、形态各异、味道鲜美、营养丰富的特点深受人们的青睐，对孩子来说，水果的吸引力更大，更是他们健康成长的物质来源。

让孩子对同颜色的水果进行归类，从形象思维出发，引导孩子从无组织、未分化的知觉转变为有意义、有结构的知觉重组。归类能力是孩子思维能力的重要方面，对孩子进行分类和归类能力的训练，是发展孩子形象思维能力的重要组成部分。

对于不到 3 岁的孩子来说，进行归类活动并不是单纯的归类，还要把分类与归类相结合。爸爸妈妈可以利用身边的事物，对孩子进行分类和归类的练习。

首先让孩子根据用途、属谁所有、收藏地点、颜色等归类。爸爸妈妈把衣服分成几堆，爸爸的一堆，妈妈的一堆，孩子的一堆。每次从其他地方新拿出一件衣服，让孩子辨认应该放在哪一堆里，并让他去放好。在洗衣服的时候，也可以让孩子把准备洗的脏衣物进行分类，或者按深浅颜色分开，或者按上衣、裤子分开。这种活动虽然简单，却是对孩子的形象思维能力最直接有效的训练。

朵朵1岁多的时候已经认识到哪些衣服是她的，哪些衣服是爸爸妈妈的，原因是每次收衣服的时候，我每整理一件衣服就会告诉这件衣服是哪个人的。随着朵朵慢慢长大，我就不再告诉她衣服是哪一个人的，而是让她自己把衣服进行分类，好在她对我们全家人的衣服已经有一定认识，基本上都没有分错过。现在朵朵虽然还不满3岁，但是形象思维已经很不错，我每次洗衣服她都能当个好帮手了。

不到3岁的孩子很爱探索，并且相当积极。他们爱问“这是什么”“为什么”“怎么样”等问题。面对孩子层出不穷的问题，爸爸妈妈要准确、耐心地解答，满足孩子的求知欲望；同时要积极创造条件，让孩子在游戏中自己快乐地去进行探索从而使他们更多地认识事物，才更有利于孩子对事物进行归类。

前不久我们带朵朵去动物园，朵朵第一次看到大熊猫，很兴奋。我问她：“大熊猫是猫吗？”朵朵马上摇头说：“不是，大熊猫比猫可厉害多了。”我问她怎么知道大熊猫和猫不是一类，朵朵说：“我以前问过林林表哥啊，他告诉我的。”朵朵总是爱问，看到什么不懂的就问，原来，她早已经就这个问题“请教”过林林了，我考她，正好给了她一次展示自己的机会。

爸爸妈妈可以借助动物让孩子学会分类和归类。可以给孩子找一些不同种类的动物图片，可以是照片、图画、漫画或剪影，黑白的、彩色的都行。让孩子先认识图片中所表示的不同种类的动物，然后让他尽量想出多种办法将图片分类。比如，将会飞的和不会飞的分开，将在陆地上生活的和在水里生活的分开等。爸爸妈妈可以经常带孩子到动物园里认识动物，或是通过电视、网络等认识动物，孩子就能很快将动物区分出来。让孩子带着这些问题去了解动物，孩子的知识增长得快，同时归类能力也提高得快，可谓一举多得。

另外一种提高孩子归类能力的方法也很简单，那就是买东西。让孩子自己去找东西、买东西，可以让孩子了解商店的分类系统，让孩子接触一种更形象、直接的分类方式。爸爸妈妈可以采用对话或谜语的方式让孩子了解不同类的东西应该到不同类的商店里去买，也有一些不同类的东西可以同时在几类商店里买到。比如，食品应该到食品店或副食店去买；衣服、鞋、帽可以在百货商店里买，也可以分别在服装店、鞋店、帽店买；而现在的超市包括了各类繁多的东西，很多东西都可以在超市买到。

我和朵朵经常玩逛超市的游戏，让朵朵了解商品的分类。我和朵朵常玩的游戏方式就是一问一答的讨论。我问朵朵："我需要鸡蛋，到哪儿去买？""我要买袜子，到哪儿去买？""给你买玩具，到哪儿去买？""把家里的电视机换了，到哪儿去买？"朵朵刚开始总是弄不清楚，我带着她总在超市逛来逛去，她看得多了，了解多了，就知道答案了。现在问她这些问题，基本上都不成问题了。

爸爸妈妈不论用哪一种方法，都要实际带孩子去了解、区分事物的分类、归类，这样才有可能提高孩子的形象思维智能，让孩子的归类能力提高得更快。

妈妈有话说

世界上的万事万物都按照某种属性归属于一定的门类，归类的结果，既可使知识系统化，更有利于发展孩子的概括能力。

鸡会走，马会跑，兔会跳，鱼会游，鸟会飞，蚯蚓会钻，不同的动物有不同的特点。这不仅是在归类，更是在归纳，孩子通过归类可以提高归纳整理的能力。

专家方案

1. 有意识地让孩子学习归纳、归类的思维方法十分必要，掌握一定的原则、方法则更是必要。

2. 知识始于观察，思维始于感知，感知越丰富，思维就越活跃深刻。给孩子一个多彩的世界，才可能让孩子的知识更丰富，思维更活跃。

3. 与孩子进行对答比赛，比一比，看谁说得又多又快，让孩子在快乐的对答中学习归纳和归类，掌握各种概念，认识各种事物。

玩具是个好帮手

朵朵刚6个月的时候，家里就已经堆了好多玩具，有一部分是别人送的，绝大部分是朵爸买的。朵爸说他小的时候没玩过什么玩具，现在要和他闺女一起玩。

朵朵洗澡的时候，朵爸会放几个橡皮鸭子在澡盆里，朵朵一边接受我的爱抚，一边和那些可爱的“小鸭子”一起玩。朵朵的小手把澡盆里的水扬得高高的，小鸭子就在水里漂来荡去的，朵朵兴奋地不停“哦哦哦”地喊。

慢慢地，朵朵大一点儿了，朵爸买的玩具就更多了，会说话的“小猫”，会飞的小飞机，有各种音乐的小电话……面对那么多的玩具，我问朵爸：“你是不是给孩子买的玩具太多了？”朵爸笑着说：“玩具不仅仅是拿来玩的，对于孩子的智能开发也非常有作用，以后可以成为你最强大的帮手。”随着朵朵慢慢长大，我还真的发现玩具是孩子大脑开发的帮手。

孩子并不是一天长大的，他身心的发展是在活动中实现的。玩具可以被孩子自由地摆弄、操纵和运用，这既符合孩子的心理，又可以满足他们活动的需要，提高活动的积极性。一些普通的玩具可以起到大作用，一个小小的洋娃娃，孩子可以带它做多种活动，各年龄的孩子根据各自的生活经验，用娃娃做游戏，可以由简单到复杂，变化多端，因此久玩不厌。

朵朵1岁多的时候，我给她买了一个毛绒泰迪熊。小熊是棕色的皮毛，憨厚的样子惹得朵朵无限怜爱，经常把它抱在怀里。我记得有一次朵朵生病了，高烧过后一点儿精神都没有。我给她买了好多好吃的，可是她都不想吃，拿来一些小玩具她也没有兴趣，让我非常心急。朵爸把泰迪熊给抱到医院了，朵朵看到它一下子来了精神，搂着小熊轻轻地说："小迪迪（朵朵给泰迪熊取的小名），我生病了，热热的，你陪我玩吧。"朵朵搂着小泰迪熊在床上一会儿坐，一会儿躺，自言自语的，精神好多了，到下午的时候还吃了小半碗粥，第二天就好了很多。

玩具具有直观形象的特点，孩子可以摸、拿、听、吹、看等，有利于各种感官的训练。彩色塔、各种娃娃及动物玩具等色彩艳丽的玩具，有利于孩子视觉的训练；八音小熊、小钢琴、铃鼓、小喇叭等可以发声的玩具，可以训练孩子的听觉；积木、积塑片、结构模型等玩具需要孩子动手去做，它们可以发展孩子的空间知觉；各种拼图、镶嵌玩具、软塑料玩具等与其他玩具有不同的触感，可以锻炼孩子触摸觉；拉鸭车、手推车、三轮车、两轮车等玩具是配合孩子运动的，又有助于孩子肢体运动的发展。

玩具是孩子的天使，从很大程度上来讲，孩子认识世界是从玩玩具开始的。孩子在玩玩具的过程中，不仅提高了自己的感觉与肢体运动能力，同时也丰富了感性知识，巩固了孩子在生活中获得的印象，形成孩子对世界的认识。

朵朵8个多月的时候，朵爸专门给朵朵买了一个会发音的电话机，上面有小狗、小猫、小鸟、青蛙、蜜蜂等按键。朵朵用小手指一按电话机上的小狗，小狗就会叫："汪汪汪。"一按小猫，小猫就会叫："喵喵喵。"朵朵有一段时间几乎天天都坐在小床上和她的电话机玩，这不但给我省了很多事，朵朵还知道了小狗、小猫等是怎么叫的。

有一天，朵爸下班回家，拿起朵朵的玩具电话机，指着小猫说："朵朵，爸爸是小猫。"没想到朵朵竟然对她爸爸"喵喵喵"叫了三声。我们惊叹这个小电话机太神奇了，无形之中成了朵朵的老师，让朵朵学会了小猫的叫声。

玩具的直观形象性和仿照生活的真实性，可以引起孩子无限的联想。比如，医疗玩具，可以让孩子联想到医院和医生，促使孩子开展创造性的角色游戏；挖沙劳动工具之类的玩具，可以引起孩子进行植树、挖河、建筑等模拟劳动。有些玩具是专门用于进行思维训练的，如各种棋类、各种智力玩具等，可提高孩子分析、综合、比较、判断、推理等能力，培养思维深度、灵活性和敏捷性。

孩子在使用玩具的过程中积极进行思维、想象等活动，并且通过手或身体的其他活动表现出来。如玩积木玩具时，孩子要构思，要设想，要为实现既定的目的而选择材料；动手组装时，既要动手，又要动脑。如此一来，不仅训练了孩子的思维，还训练了孩子动手能力。

2 岁多的孩子就会玩积木了。现在不仅有木质的积木，还有塑块、塑片、胶粒等积木。爸爸妈妈可以让孩子用这些积木进行各种构造活动，比如，用积木搭建房屋、公园，用积塑片插接家具等。在玩的过程中，爸爸妈妈要引导孩子在搭建之前进行构思，让孩子说出要搭建的物体是什么样子的。在搭建的过程中，如果孩子没有按原先的想法去搭，爸爸妈妈也可以问一下到底是什么原因。搭建好了以后，还可以让孩子给爸爸妈妈讲一讲自己建构物体的过程和方法。整个过程中，孩子不仅在动手还在动脑，可同时提高孩子的形象思维能力和语言表达能力。

玩具有助于培养孩子的集体观念和合作精神。有很多玩具是要求孩子共同使用的，比如，打电话的玩具，要有通话的双方，甚至还要有接线员。两个甚至多个孩子一起玩打电话的玩具时，不仅可以帮助孩子了解学习生活经验，还可以练习和同伴合作。

玩具可以教会孩子一些生活常识。有一些道理对于不到 3 岁的孩子来说太深了，不太容易懂。爸爸妈妈可以借助玩具慢慢地教给孩子，让孩子在潜移默化中学会生活常识。

朵朵2岁的时候我们就用家里的玩具电话和朵朵玩打电话的游戏，朵朵每次都装模作样地接电话，还对着话筒大声地说“喂”“啊”等。我提醒朵朵，一定要等对方把话说完才可以说话，不可以抢话。朵朵刚开始没听懂，但是玩的次数多了，她就明白了。

朵朵2岁的时候就可以接真正的电话了。有一次她爷爷打电话来，朵朵正好坐在电话机边上玩，听到电话响了就接了起来。朵朵很有礼貌地说：“你好，我是朵朵，你要找谁啊？”爷爷听到朵朵这样说话，高兴得呵呵直乐，一个劲儿地夸朵朵聪明懂事。我告诉他这都是朵朵玩电话游戏时我们教她的，她爷爷说：“这样的玩具就是好，多玩一玩吧。”

在孩子认识周围世界的过程中，玩具起着极大的作用。玩具以其鲜艳的颜色，优美、奇异的造型，灵巧的活动性能，悦耳的声响等吸引着孩子的好奇心和注意力。玩具是具体的实际物体，近似实物的形象，可以满足孩子动手、动脑的愿望。玩具的种类多样，玩法多变，可以引起孩子玩耍的兴趣，激发孩子做游戏的愿望。玩具是孩子学习的活教科书，也是孩子所喜爱的生活好伴侣。

玩具对于孩子来说很重要，爸爸妈妈在为孩子选购玩具时，千万不要想着玩具只是单纯为给孩子提供玩乐，应考虑孩子在坃玩具的过程中，能同时达到长知识、增长能力的目的。当然爸爸妈妈选择玩具的时候也要注意，一定要选择适合孩子的，一些过于奇形怪状、过于恐怖的玩具并不适合于3岁以下的孩子。另外，对于孩子可能造成危害的玩具，比如，带有金属物品的公仔，爸爸妈妈就最好不要给小孩子玩。

爸爸妈妈不要认为孩子玩玩具就是玩物丧志，不到3岁的孩子天性就是玩啊。爸爸妈妈给孩子挑选合适的玩具，不仅可以让孩子的生活充满乐趣，还可以培养孩子多方面智能，比如，形象思维智能、语言智能等。爸爸妈妈好好利用玩具这个好帮手吧，这样只会让你的孩子笑得更开心，成长得更好。

妈妈有话说

爸爸妈妈对于玩具的选择虽然见仁见智，但确保安全是首要原则。玩具虽然有利于孩子形象思维的发展，但是玩具本身不应该“形象”过于夸张，对于那些色彩过于艳丽，外形过于夸张、恐怖的玩具，爸爸妈妈最好不要让孩子玩。

专家方案

1. 在利用玩具进行的角色游戏中，孩子要表现游戏的情节和内容，这就在无形之中提高了孩子对平时生活中各个角色的注意力，促使其更细心地观察。

2. 头饰、面具、木偶等形象玩具可以让孩子进行表演游戏，让孩子更直观、更形象地认识到更多有趣的形象。

大自然是最好的老师

朵朵1岁多的时候，朵爸给她买了一盒动物卡片，狮子、老虎、斑马、大象等，每一张卡片都画得栩栩如生。朵朵经常看这些卡片，认识了很多动物。

有一天，我带她去郊区的农贸市场买活鸡，朵朵走着走着就停了下来，原来有一个摊主养了几只兔子。朵朵蹲在地上看兔子，大声对我说："妈妈，我认识它，它叫兔子。"我笑着说："小声点儿，你都吓着兔子了。"我在旁边的摊位买鸡，朵朵就蹲着逗兔子玩，还把我买的白菜喂给兔子。

孩子的形象思维具有直接性，想得再多，听得再多，也没有直接看到事物的本来面目来得痛快、直接。爸爸妈妈把孩子带到生活中去，带到大自然里去，把孩子听到的、想到的都转化为眼前真实的东西，这样一来孩子的形象思维将更加活跃。

带孩子到大自然里，让孩子认识更多的动物、植物、风土人情，增加孩子的知识量，孩子的形象思维有了基础，以后想到一些问题就会有内容。

我和朵爸带朵朵去动物园，一进动物园的大门，朵朵就甩开我的手，自己跑了起来，还喊道："动物朋友们，我来了。"朵朵惊喜地一路看一路叫，每到一个动物面前，她都仔细地看来看去。走到斑马面前，朵朵大声地说："我认识你。"我问她："你认识它，那你说说它是谁啊？"朵朵说："它是斑马啊，它身上有马路上的线。”朵爸笑着说：“朵朵，真厉害，太好了。以后要记住了，马路上的线就叫斑马线。”朵朵还看了老虎、狮子、大象、长颈鹿、猩猩、猴子等。在回家的路上她还滔滔不绝地讲给我们听，我和朵爸都说：“今天朵朵可是长见识了。”

一趟动物园之行，让朵朵真正认识了一些动物，加深了她的印象，跟我们说起动物来再也不是“毛茸茸的”“很可爱”，而是具体地形容为“高”“有长长的鼻子”“叫的声音很大”。几乎每一个小孩子都喜欢动物，爸爸妈妈应该多带孩子走进大自然，认识更多的动物。爸爸妈妈以前讲述动物的可爱、动物对人的益处、动物与人之间的感情，孩子可能听不懂，也明白不了，但是真实地见到动物，与动物近距离接触以后，他有了形象思维，就可能会理解那种感情，激发孩子对动物的爱和同情心。

有的爸爸妈妈认为自己没有那么多的时间带孩子出去，现在要看动物有很多途径，电视里有《动物世界》，书有各种各样的动物知识，还有很多动物卡片，另外，在网上，想看什么动物更是可以轻松找到。这样一来，孩子确实可以认识好多种动物，可是孩子有形象而直观的认识吗？孩子觉得开心吗？孩子既没有得到形象而直观的认识，又没有感到开心。孩子需要的是爸爸妈妈的关心与爱护，大家一起认识动物，孩子从爸爸妈妈那里得到更多的关于动物的直观的认识，他才会更开心。

去年夏天，我带着朵朵一起去四川玩。浏览了中国死海、乐山大佛、都江堰等地，见识了不少新鲜的东西。我们站在乐山大佛前，朵朵叹了一口气，说：“好大的人啊。”我告诉她那不是人，而是佛，一尊大佛。我领着她从大佛旁边的小路往上爬，去全方位观看大佛。朵朵一路上说那是她见到的最大的佛，我告诉她：“这也是我见过的最大的佛。”

朵朵回家后把我们四川之行详细地告诉了朵爸，重点讲了乐山大佛，她说：“爸爸，我见了好大好大一个佛啊。”朵爸问她：“多大一个佛啊？”朵朵说：“爸爸，你很大是吧，你没有佛的脚指甲大。”朵爸被朵朵的比较逗得开怀大笑，说：“以后爸爸也带你出去玩啊，让你长长见识。”

“读千卷书，行万里路”。真实地去见识现实世界，可以让孩子的形象思维更深刻、更明了。现在随着生活水平的提高，人们在满足一定物质需求的基础上，开始追求更丰富的精神生活。带孩子出去旅游，见识外面的世界，开阔视野。让孩子走进大自然，尽享天然氧吧，呼吸清新的空气。

对于孩子来讲，新奇的东西永远都是他们兴趣的所在，自然界的一草一木对孩子来说都是新奇的，能勾起他无限乐趣。多带孩子出去走一走，多少能增长见识，对孩子的成长一定是有益的。

大自然里有无数让孩子长见识的东西。爸爸妈妈不仅要把孩子带到大自然里去，还要引导孩子去认识大自然，让孩子通过认识、描述、记忆，去更深层次地认识大自然，加强自己的形象思维智能。爸爸妈妈可以要求孩子用自己的话来描述一类事物，例如，问孩子看到了什么、听到了什么。鼓励孩子尽量地把自己看到、听到的东西描述出来，通过这样的方式训练孩子的形象思维。

我们家有一个方形大鱼缸，朵爸养了几条小金鱼，朵朵很喜欢它们。有一次，我们去湖边玩，参观了一家养殖场，看到好多好多的鱼。朵爸说：“朵朵，你跟我们说说这里鱼和家里的鱼有什么不同吧？”朵朵看着鱼池里的鱼，说：“这些鱼好多啊，比我们家的大。”说完这些，朵朵就不说话了。我鼓励她说：“朵朵，你再看看这些鱼是什么颜色啊？”朵朵说：“这些鱼黑乎乎的，没有我们家的鱼漂亮。”朵朵不仅学会了形象思维，还学会了比较，真是出乎意料。

爸爸妈妈只要有时间，尽量多带着孩子走到大自然里去吧。大自然里有无穷无尽的美好的东西，可以让孩子见识到大自然的美好，增强孩子形象思维能力。

妈妈有话说

让孩子出去走走，认识一下大自然，可以增长孩子的见识，培养孩子的独立生活能力，陶冶孩子的情操。有条件的父母应该多给孩子提供这样一些机会，让孩子出去走一走，看一看，认识这个多彩的世界。

专家方案

1. 带孩子走进大自然要注意安全，尽量与动物保持距离。在动物园里看大型动物时，要遵守动物园里的规定，看护好自己的孩子。

2. 外出旅行的时候，一定要提前了解当地的风土人情，做好安全防护。

第三章

提高空间知觉智能，让宝宝发展更全面

空间智能是人们生活学习的基本能力，更是人们进行艺术、科学、数学及至文学活动的不可或缺的能力。宝宝无时无刻不在面对着各种各样的颜色、形状、大小、空间等。帮助宝宝发展空间智能，是早期教育一个非常重要的任务。视觉空间智能发达的人通常有较好的方向感、空间感。所以，除了日常生活中认路能力强之外，在职业表现上通常多属于设计类的工作性质，像是建筑师、室内设计师、服装设计、雕塑、摄影师、美术设计……甚至还可能会成为发明家！所以父母千万别忽视了孩子空间智能的培养。

给大象贴上大鼻子

一次，朵朵和小朋友在楼下玩贴鼻子的游戏。有一个家长在墙上画了一头大象，大象憨态可掬，十分可爱，可惜的是大象没有鼻子。它好像看着小朋友说："赶紧给我贴上一个漂亮的鼻子吧！"我们准备了好几个鼻子，让小朋友们自由发挥。

游戏的规则是小朋友用纱巾蒙着眼睛，在原地转3圈后给大象贴鼻子。游戏开始了，有的小朋友把鼻子贴到了大象的眼睛上，有的把鼻子贴在了耳朵上，有的把鼻子贴在了脸上，有的把鼻子贴在了嘴上。大家都笑得前仰后合的。

轮到朵朵了，朵朵眼睛被蒙上以后，原地转了3圈，她就有些找不到方向了，斜着往前走。我告诉她："往右边走，往右边走。"她不清楚哪边是右边，愣了一下，还是斜着往前走。朵朵一边走一边举着大象鼻子，还没有等我指挥，她走到大象旁边就把鼻子贴上去了。因为她走到大象脚下的时候贴的象鼻子，所以她的大象鼻子是长在脚上的。朵朵摘了纱巾后看到自己的杰作也哈哈大笑起来。

对于孩子来说，可以多玩一些贴鼻子这样的游戏。因为不到3岁的孩子已经对这个世界有了初步的认识，对于人体的面部五官以及其他一些常见动物的五官也建立起最初的认识，贴鼻子游戏可以强化孩子的空间概念。与此同时，也可以在玩游戏的过程中，锻炼孩子的动手能力、观察能力、思考能力，从而进一步发展空间智能。

对于不到3岁的孩子来说，本来空间意识就差，再蒙上眼睛转3圈，空间感就更差了。爸爸妈妈可以不给孩子蒙眼睛，让他直接贴。玩贴鼻子游戏时，爸爸妈妈可以将要贴鼻子的动物或者人的图片摆在孩子面前，让孩子对照照片进行模拟，应该将鼻子贴在哪个位置。爸爸妈妈要把“鼻子”交给孩子，让他亲自贴上，让孩子更加清楚鼻子的位置。

对于大一点儿的孩子，爸爸妈妈可以根据孩子的实际情况，为游戏设置一些小障碍。例如，将孩子的眼睛蒙上，然后让孩子凭感觉去贴鼻子。这样做，不仅可以增加游戏的难度，而且还可以训练孩子的空间方位感，调动孩子游戏的积极性。当然，如果条件允许，爸爸妈妈可以让孩子邀请几个小朋友一起进行游戏，大家一起开心游戏，游戏的趣味性就更强了。

空间感知能力对孩子来说是一项非常重要的能力，它能帮助孩子正确地辨别方向和记忆路线。更重要的是，这项训练也能开发孩子的右脑。实践证明，空间智能好的人其右脑相对发达一些，形象思维能力较强，更为艺术性。

空间智能让人有能力以三度空间的方式来思考，使人不但可以在空间从容地游走，还可以随心所欲地操弄物件的位置，以产生或解读图形的讯息。航海家、飞行员、雕塑家、画家、发明家、建筑师、摄影师、服装设计师、广告设计师、电影制片人等都表现出高度发达的空间智能。

空间智能的发展萌芽于婴儿期。研究表明，刚出生2天的宝宝就可以分辨人的脸和其他形状，他们看人脸的时间比看圆形或不规则形状的时间长。孩子出生三四个月时颜色视觉的基本功能已接近成人，已经够区分不同的颜色。

爸爸妈妈如何培养孩子的空间智能呢？对于新生儿来说，可以用声音引导新生儿的空间智能。空间智能的发育主要靠视觉刺激，但是新生儿的视力还没发育好，主要靠听觉和触觉辨别空间方位。

朵朵3个月的时候，我就拍手，让她来找我。我躲在她的身边，轻轻地喊：“朵朵，朵朵，你在哪儿呢？”当她转过头来找我的时候，我一下子跳到她的面前，大声说：“朵朵真棒！”后来，朵朵大一点儿了，我就站到远一点儿的地方喊她的名字，她基本上都能很快找到我的方位。

6个月左右的孩子经常会躺在小床上玩耍，他的视力也比新生儿时期要好许多，能看清较远的物品，同时他喜欢注视移动的物品。爸爸妈妈可以在孩子的小床上面悬挂床铃，床铃随音乐转动，孩子的目光也随之摆动，这样对孩子的视觉空间智能发展有非常积极意义。

爸爸妈妈可以利用家里的物品训练孩子的空间感。如果爸爸妈妈把孩子的用品和玩具总是放在固定的地方，孩子就建立了物品与空间之间的定位关系，他就用各就各位的方法建立空间秩序感。为了训练孩子的空间智能，爸爸妈妈可以把物品的次序打乱，如果哪天发现物品不在原处，就与孩子一起找。孩子对物品在一个新地方出现会感到很兴奋，空间方位感也会得到锻炼。

朵朵出生后，我们在客厅给她划了一个活动区，摆放了很多她的玩具。朵朵9个月会爬了，就自己爬到活动区去找玩具玩。朵朵最喜欢玩一个红色的大球。有一天，我故意把红球藏到沙发后面，我问朵朵：“朵朵，你的大球跑哪里去了？”朵朵眼睛盯着自己的活动区，可是那里没有。于是我和朵朵一起找，在我的提示下朵朵在沙发后面找到红球，高兴得呵呵直笑。后来，家里只要有什么东西不见了，朵朵就会跑到沙发后面去找。

对于一些基本的空间方位概念，如大小、高矮、上下、前后、左右、里外等，孩子要长到一定的年龄才会明白。一般情况下，孩子先掌握大小、高矮、上下的概念；3岁的时候才能掌握前后、左右的概念；4岁的时候掌握里外的概念。

这些概念的掌握不能仅凭口头传授，主要通过孩子的运动来感受。爸爸妈妈可以带着孩子一起做一些亲子游戏，让孩子感受各种空间方位概念。比如，高矮的概念，爸爸妈妈除了引导孩子观察静态的高树与矮树之外，还可以玩一些动态的身体游戏。

朵朵刚 2 岁时就知道爸爸高、妈妈矮，原因是我们带她做过这个游戏。我和朵爸站在一起，让朵朵看谁高谁矮，朵朵说不出我们谁高谁矮。于是我就站到凳子上，这样就和朵爸一样高了。我们再让朵朵区分谁高谁矮，朵朵连连说："一样，一样。"我又站回原地，再问朵朵，朵朵说："妈妈小了，妈妈小了。"我们告诉她："妈妈不是小了，而是妈妈矮了，爸爸比妈妈高，妈妈比爸爸矮。"那几天，我们看到什么东西就要问朵朵哪样高、哪样矮，很快她就学会比较高与矮了。

还有一个游戏特别适合 3 岁以下的孩子进行空间感训练，那就是找五官的游戏。爸爸妈妈和孩子一起站在大镜子前，爸爸妈妈说口令，孩子做出相应的动作，爸爸说"右眼睛"，孩子就用手摸自己的右眼睛；妈妈说"左耳朵"，孩子就用手摸自己的左耳朵。爸爸妈妈不仅让孩子找自己的五官，还可以涉及肩膀、膝盖、眉毛、耳垂等身体部位，使孩子进一步认识身体各部位和分清左右，在训练的过程中，要求孩子要在最快的时间内做出反应。

随着训练的次数的增多，爸爸妈妈可以加快游戏的速度。这样不仅可以让孩子加快认识自己的身体，还能锻炼孩子的反应能力。爸爸妈妈带着孩子一起做亲子游戏，孩子在游戏中学会了知识，感受到了快乐，还感受到了来自爸爸妈妈的爱。

妈妈有话说

随着孩子渐渐长大，一些空间益智玩具不可缺少，比如，积木、不倒翁、橡皮泥、拼图、跳棋、迷宫、指南针、放大镜、折纸等。孩子在玩这些玩具的时候，都将直接促进孩子的视觉空间智能的发展。

爸爸妈妈在和孩子一起玩空间游戏的时候一定不要忘记自己的初衷，不要为了游戏而游戏，要及时提醒孩子空间与方位。

专家方案

1. 在家里悬挂一些色彩艳丽的物品，刺激孩子的视觉空间智能。
2. 按一定次序摆放家里的物品，提升孩子的空间秩序感。
3. 爸爸妈妈和孩子一起玩游戏，在游戏中教会孩子一些空间概念。
4. 为孩子多提供一些空间益智玩具，让孩子一边玩一边感受空间概念。

用心观察，会看到更多

“朵朵，你仔细观察一下，这些花是什么颜色的。”“朵朵，你好好看看远处都有什么啊？”“朵朵，你告诉妈妈你看到了什么？”从朵朵会说话开始，无论到哪里，我都要求朵朵多看和多观察，这样不仅丰富了她的阅历，而且也养成她喜欢观察的习惯。

观察，对于每个人来说都很重要，观察是获取周围信息的源泉，一个人的智慧应从观察天上和地上实在的东西中来，同时观察越多，获得的知识越牢固。对于孩子来说，观察是他认识世界、增长知识的重要开端。

爸爸妈妈在引导孩子的过程中，不仅要让孩子学会思考，更要让孩子学会观察，认识周围的世界，让他在接触任何一件事情之前先观察一会儿。观察并不是漫不经心地四下查看，而是有目的、有计划地看，是一个循序渐进的过程。

这个世界如此之大，事物如此之多，孩子应该怎么去观察呢？“兴趣是最好的老师”，爸爸妈妈要从兴趣入手，引导孩子乐于观察。不到3岁的孩子注意力容易分散，他们只有对某事某物产生浓厚兴趣才会集中注意力，也才会去观察。爸爸妈妈要及时发现孩子的兴趣，让孩子带着愉悦的心情去观察。

既然从兴趣出发，就应先了解孩子的兴趣点在哪里。3岁以下的孩子一般对小动物有兴趣，爸爸妈妈如果看到小猫小狗，就可以让孩子观察一会儿，当然，这仅限于小猫小狗，对于那种大型的具有攻击性的动物，还是让孩子离远一点儿的好。小孩子还喜欢看色彩鲜艳的物体，爸爸妈妈利用孩子的这一兴趣点可以和孩子看一些五颜六色的画面，这样就可以提高孩子的兴趣。

朵朵2岁的时候，朵爸的同事送了她一套积木，朵朵就看了一眼就表示她不喜欢玩那个。那是一套木头的积木，结实、耐用。我问她："朵朵，为什么不喜欢这个积木啊？"朵朵低着头说："不好看。"我仔细一看，积木都是木头本来的颜色，并不鲜艳，确实不太好看。后来朵爸用彩笔给每个积木涂上不同的颜色，积木就变成五颜六色的，朵朵就非常喜欢那套积木。每次朵朵用积木搭好一个物体，我都会让她观察一下，时间一长，她现在学会主动观察了，搭好了以后都要看一看，然后告诉我她搭的是什么。虽然她搭的都不太好，但是在她的眼里和嘴里，那些就是世上最美丽、最坚固的城堡。

孩子天生就有强烈的好奇心，大千世界中有无数孩子感兴趣的东西，只要用心观察就会发现。但是孩子集中注意力的时间较短，目的性不强，爸爸妈妈就要不断改变孩子观察的方向和目的，让孩子去更仔细地观察。只有时刻更新现状，才能激起孩子更大的兴趣。

孩子的兴趣来得快，去得也快，爸爸妈妈要善于抓住孩子眼睛里的那点儿"兴趣"，让孩子及时观察。

今年春天我们带朵朵去郊外玩，晚上住在农家院里。一晚上醒来，我们发现到处都是白花花的，朵朵兴奋地大喊："下雪了！"院子门口的两个稻草人身上落满了雪，成了两个大雪人。朵朵到雪地里把雪扬得高高的，还和朵爸一起推了一个大雪球。朵朵玩累了，和我一起站在雪地里看风景。

我问朵朵："朵朵，你观察一下，雪地里都有什么啊？"朵朵放眼看了一会儿，说：“有雪、雪球和雪人。”我接着又问她，“那你好好看一下，雪人是真正的雪人吗？”朵朵呵呵乐了起来，说：“不是，那是稻草人。”我们还观察了近处菜地和远外被大雪盖住的大山，朵朵说了很多雪和雪地的“故事”，有的是她观察得来的，有的是她想的。直到朵朵说冷，我们才走进房间。

如果我没有抓住机会让朵朵去看、去观察，朵朵就不会去看那么多，也不会给我说那么多关于雪、雪地的话。爸爸妈妈有的时候要创造近在眼前的观察时机，让孩子多一些机会去观察。

至于如何创造机会，那就因人而异了，相信只要爸爸妈妈用了心，就一定可以找到合适的机会。爸爸妈妈应该养成孩子随时随地观察的习惯，这样就能“悄悄”地培养孩子的观察能力。

爸爸妈妈要引导孩子学会有选择的观察，有顺序的观察、全面的观察，抓住事物的静态和认识事物的动态等观察品质，养成良好的观察习惯。对于偌大的世界，无限的空间，孩子应该怎么去观察？孩子有了观察的兴趣，但是爸爸妈妈还必须在观察方法上加以引导。从上往下看、从左往右看、先看整体再看局部……这些观察的次序孩子都会吗？他们不一定会。

孩子并不是天生善于观察，他们的观察条理差，并不能进行有效的观察，有的孩子的“观察”只是抬着头到处望来望去，并没有特定的目标。如果孩子不会用正确的方法观察事物，而是东看看、西瞧瞧，就会把要观察事物的重要特征遗漏掉，不但达不到观察的目的，还会形成不良观察习惯。

对于不到3岁的孩子来说，最好掌握的方法就是顺序观察法，从远到近、从整体到局部、从局部到整体、从上到下、从左到右、从明显特征到不明显特征……这都是按一定的顺序而进行的观察，按这一方法，孩子可以最大可能地认识空间，也会尽可能地观察到更多。但是因为孩子还小，爸爸妈妈不要强调孩子掌握哪种顺序，只要细致观察就行了。

有一次，我们到山里玩，看到满山满沟的绿树、鲜花，朵朵兴奋地大声喊起来。借着看风景的机会，我让朵朵好好地看。我们先看远处的山，然后是近处的树，还有脚下的花，朵朵看每一样都很仔细。看了有半小时，我们准备坐下来吃东西休息一下。朵朵说："妈妈，那里有吃的东西。"用手指了指前面的松树。我心想在这大山有什么可以吃的呢，走近了一看，原来在松树下有好多的蘑菇。朵爸说："还是我们朵朵的眼睛好用，妈妈还在让我们观察呢，她都没有看见。"我们把蘑菇采回家，当天晚上吃了一顿野生的蘑菇汤。后来朵朵告诉我们，她看到那片松树，觉得很漂亮就从上到下看，结果看到地上有一片东西和她上次在电视里看到的蘑菇很像，于是赶紧告诉我们。

爸爸妈妈还要注意，观察不仅仅是看，还要引导孩子边观察边思考。孩子因知识和理解能力的限制，往往是对事物的表象进行肤浅的观察。爸爸妈妈要根据事物的难易程度和孩子的认知能力，边观察边提问，引导孩子边观察边思考，使孩子的认识逐渐由感性到理性，由现象到本质，提高孩子观察的深刻性。

孩子天生是爱玩的，对于不到3岁的孩子，爸爸妈妈也不要要求过高，让他们尽情地玩，不过，要告诉他不管是玩具也好，食物也好，我们"先观察一会儿"，看清楚了再玩、再吃也不迟。

妈妈有话说

孩子只对自己感兴趣的事物有耐心，经常能看到孩子蹲在地上观察蚂蚁，他们常常一蹲就好长时间，看蚂蚁搬家、蚂蚁运食物。爸爸妈妈应该鼓励孩子多观察、多看。

用心观察，就会看到更多。爸爸妈妈引导孩子多看、多观察，发现事物的不同性，这样更能感受到事物的美好。

专家方案

1. 观察并不是漫不经心地四下查看，是有目的、有计划地看。
2. 从兴趣入手，引导孩子乐于观察。
3. 创造近在眼前的观察机会，让孩子学会观察生活。

一起躲猫猫

朵朵很爱躲猫猫，从她会走路以后，就总是爱躲猫猫。前天下午，我和朵朵在阳台上整理东西，远远地看见朵爸下班回来了。朵朵咯咯笑着跑进卧室了，我知道她又想和朵爸躲猫猫了。

朵爸一进家门，就大声地喊："朵朵，我的宝贝，你在哪里呢？"朵朵躲在卧室里一点儿声音也没有。朵爸在我的暗示下走到卧室，在书桌下面找到藏在那里的朵朵。朵朵扑到朵爸的怀里，两个人都哈哈大笑。

孩子似乎天生就会捉迷藏，婴儿时期的他会因为羞涩而把自己藏起来，长大了他从捉迷藏的游戏中获得快乐。捉迷藏、躲猫猫对孩子有益吗？孩子玩躲猫猫，在躲藏与发现的过程中，孩子学会了认识世界、认识自己，还学会开动脑筋，结交朋友，学会相互爱护，相互信任。不要小看躲猫猫，正是小游戏，大世界啊。

孩子从6个月开始就会认生了，他不想见除了爸爸、妈妈之外的人。这时候孩子就开始有意识地躲猫猫了。当有人来看望他的时候，或者亲人离开一段时间又回来的时候，孩子就会藏在妈妈的身后，或者把脑袋埋在爸爸的怀里。在孩子看来，把自己"藏起来"或许就是对付认生的最好的解决办法。在孩子的意识里也许他一抬头、一转身，那个不是爸爸，也不是妈妈的陌生人就在空气中"蒸发"了。

朵朵半岁开始认生了，有一次，以前的老邻居杨姐上我们家玩。杨姐卖了我们隔壁的房子，到另外一个小区住已经一年多了，那天是第一次看到朵朵。杨姐伸手去抱朵朵，朵朵却一下缩到我怀里，杨姐哄她："来啊，乖乖，阿姨抱抱。"朵朵还是不抬头，紧紧地抓着我。朵朵已经认生了，怕她哭起来，杨姐也没有坚持要抱她。我们说了一会儿话，朵朵抬头看她了，杨姐也试探着去握朵朵的手，后来，杨姐抱她，她也不哭不闹了。

小婴儿躲猫猫并不是想和别人玩，而是出于内心的恐惧、害怕，因为到了不同的环境，遇到陌生人，孩子的内心感到不安全，让他感到安全的爸爸妈妈的怀抱就成了孩子躲进去的港湾。

孩子慢慢长大，到了1岁左右，躲猫猫的游戏似乎变得简单了。他觉得只要用手遮住眼睛，陌生人就不见了。当手从眼睛上拿开的时候，就有可能看到爸爸、妈妈。所以孩子会自己一个人玩躲猫猫的游戏，他会把手不停地遮住眼睛又放开，并且乐不可支。

2岁左右的孩子变得越来越勇敢，真正的捉迷藏开始了。孩子在房间里到处寻找可以把自己藏起来的地方，可能藏在沙发的大靠枕之下，也可能藏在窗帘后面。孩子并不是单纯地把自己藏起来，他还在偷偷地观察，当自己不见了的时候，看看爸爸妈妈有什么反应：他们是否感到不安？他们会找我吗？能找到我吗？

这时候的孩子期望得到爸爸妈妈的关注，所以只要孩子藏起来，爸爸妈妈就要去找一找，哪怕他藏在自己的眼皮底下，爸爸妈妈也要"找"，这样一来不仅增加了游戏的趣味性，还让孩子知道：爸爸妈妈在乎我！

躲猫猫游戏还可以帮助孩子认识空间。无论是在被子里、雨伞下，还是地毯下，2岁左右的孩子都认为那是他专有的"家"。有的孩子还学会用靠枕、被子等搭成一个能够自己独自地安静待一会儿的地方，在这里除了"有意思"之外，还可以玩一些不被爸爸妈妈支持的游戏，比如，我在给小熊看病，爸爸妈妈不准进。孩子把自己藏在自己的“家”里，享受自己的空间。爸爸妈妈应该支持孩子的这种行为，随着语言和认识能力的提高，孩子需要在自己的空间里消化掉自己听到和看到的一切。

前段时间因为有事总要外出，没有人帮着带朵朵，所以我就带着她一起出门。几乎天天我和朵朵都要坐地铁，每次到地铁的入口朵朵都要拿着卡自己刷，我则紧紧地跟在她后面。昨天晚上，朵朵在家躲在两个沙发之间的空隙里玩，前面还用一个纸板挡着。后来，朵爸回来了，到了吃饭的时候，朵爸去叫她吃饭。朵朵说：“请刷卡。”朵爸说：“可是我刷什么卡呢？”朵朵没有理会他，还是不紧不慢地说：“请刷卡。”我过来一看就明白了，朵朵是在学着地铁的入口，要求我们刷卡进“站”呢，从包里拿出公交卡一刷，说：“现在你可以出来吃饭了吧。”

不过，孩子没有太大的耐心，因此，爸爸妈妈在同孩子捉迷藏的时候，要遵循孩子的游戏规则，如果不能及时找到他，孩子会很失望的。爸爸妈妈要及时出手，把找到孩子的时间控制在合理的范围内。

躲猫猫游戏不仅有趣，而且有的时候也充满了神秘色彩：一个人像个小老鼠一样静静地躲在黑暗的角落里，不知道什么时候才会被人发现。孩子带着希望、带着刺激去等待，他的内心将会更强大。

孩子在玩躲猫猫游戏的时候，会寻找家里或野外适合躲藏的地方，这就是认识空间的过程。饭桌、浴缸、窗帘……都可能成为孩子躲藏的地点。当妈妈在饭桌下找来找去，又察看浴缸，之后无奈地掀开被子，喊着孩子的名字，直到最终在洗衣机的后面找到了小家伙，这个过程让孩子特别开心。

爸爸妈妈要告诉孩子家里以及外面哪些地方是可以躲藏的，哪些地方是不可以躲藏，比如，冰箱的后面是无论如何也不能藏的。爸爸妈妈在放开手让孩子玩的时候，更要让孩子注意自身的安全。

妈妈有话说

当家里的每一个角落都被“开发”了之后，很多孩子喜欢把视角投向外面的世界。可能，他们会躲在院子里，或者邻居家。爸爸妈妈要做孩子的守护神，就算是玩躲猫猫游戏，爸爸妈妈也要确保孩子的安全。

专家方案

1. 躲猫猫游戏为家里增添了更多的笑声，并且让爸爸妈妈和孩子更加亲近和信赖。

2. 爸爸妈妈在寻找的过程中，可以和孩子进行无线沟通，一句简单的“你藏好了吗”不会让孩子感觉到自己被遗忘了。

3. 孩子藏起来有时候是希望爸爸妈妈关注自己，所以爸爸妈妈要及时去找，并且在合理、适当的时间内找到孩子。

大西瓜，小苹果

我和朵朵在超市里买水果，朵朵指着西瓜说："妈妈，西瓜可真是个大家伙。"我又指着苹果，问她："苹果大吗？"朵朵低声说："苹果可小多了。"我们看了水果区的很多种水果，我问她哪个水果最大。朵朵说："西瓜最大，别的水果都比不过它。"还好，虽然朵朵很小，但是在她的心里已经有大小的区别了。

很多爸爸妈妈都发现就算是不到3岁的孩子，也能分清大小。上次有个早教老师给我说了一个有趣的事，说他们把2岁多的孩子组成一个班，在每次分苹果时，让孩子自己上来挑选。结果老师们发现，孩子们都不约而同地先挑又红又大的苹果，其次的目标是有些红的苹果，最后就是那些又青又小的苹果。

在日常的生活中，到处都有大大小小的物体，孩子是自然而然地就学会区分大小了吗？研究表明，6个月前的婴儿已经能辨别大小。2岁半到3岁是孩子判别平面图形大小能力迅速发展的阶段，这个时期的孩子已经能够按语言指示拿出大皮球或小皮球，3岁以后判断大小的精确度又会再次有所提高。

孩子对大小的感知，首先是从最直观的具体事物开始的。随着年龄的增长，他逐渐会区分平面图形的大小、体积的大小。在这个过程中，如果爸爸妈妈加以有意地引导和训练，让孩子通过视觉、触觉等方式感知大与小，这样不仅可以提高孩子的观察能力、思维能力，还可以提高孩子的空间智能。

看似简单的大与小，其实不简单。爸爸妈妈要在日常生活中引导孩子去认识大小，培养空间智能。爸爸妈妈多给孩子看一些大小形状不同的图片，或者让孩子自己去画，从而感知大与小。大象大，老鼠小；大海大，水池小；高山大，土堆小……爸爸妈妈让孩子通过看图片、画画，亲自去感知大与小。

一般而言，动态的、带有声音的东西孩子更愿意接触，会引起兴趣，促进思考，加深认识。爸爸妈妈可以让孩子接触不同的事物、不同年龄的人、不同的动物及动物模型。这样可以丰富孩子的认知，让孩子对大与小有了自己明确的认识。

我们经常带朵朵到小公园去玩，小公园里有好几尊塑像，都有两三个人那么高。每次朵朵看到那些塑像，都不禁地感叹：“好大啊！”我们让她站到塑像下，朵朵更感叹：“我好小啊。”次数多了，朵朵就知道自己小塑像大，对大与小有了深刻的认知。

爸爸妈妈还可以利用玩具让孩子对空间有所认知，在生活空间充满视觉、听觉、触觉的玩具，以及可以触摸和操作的训练，增加刺激，这样可以让孩子对大小、空间有更多的认识。爸爸妈妈如果有时间可以陪孩子一起玩积木，把不同的积木堆砌成不同大小、不同形状的物体。

我们平时经常和朵朵一起玩积木，有一次朵朵还用积木搭成大象，高高兴兴地跟她爸爸说：“爸爸，我搭了一个大象。”朵爸过去看了一眼，说：“这是一只小大象。”呵，这么一说，朵朵有点儿迷糊了，不知道这个大象是大还是小呢，最后我打开电视让她看了一眼电视里那些活生生的大象，她才明白自己搭的大象是个小小的大象。

不到3岁的孩子，身体小小的，但是心却大大的，他们对这个大世界有无限的渴望。爸爸妈妈要用自己的智慧、耐心和爱心，去引导孩子，让孩子慢慢去认识世界。孩子先认识了眼前的“小世界”，以后就有能力去接触外面的“大世界”。

妈妈有话说

孩子对小猫、小狗、桌子、椅子……这样形象而具体的东西很容易区分其大小，但是对于图形的大小的判断却相对困难一点儿。另外，不到3岁的孩子判断圆形、正方形和等边三角形的大小较容易，而判断椭圆、长方形、菱形和五角形的大小则有些困难。

专家方案

1. 爸爸妈妈要尽量丰富孩子的生活环境，多带孩子到户外活动。

2. 利用身边的随处可见的生活用品，引导孩子认识大与小、高与矮、上与下等概念。

3. 爸爸妈妈不可心急，要让孩子自己去慢慢认识，慢慢体会。

把看到的东西画下来

五月，正是百花盛开的时候。因为工作的关系，我们不能带朵朵到太远的地方去玩，就只有带着她在附近的公园玩，欣赏美丽的鲜花。我们从公园的南门进去，满眼全是五颜六色的鲜花，有粉的、白的、红的、紫的，漂亮极了。

朵朵看到漂亮的花，高兴地大喊："好漂亮的花啊！"对着一堆牡丹花就冲了过去，朵爸紧跟其后，一把就把她给抱了起来，父女俩笑得哈哈的。朵朵说："爸爸，给我照相吧。"朵爸说："好啊，不过，今天爸爸告诉你另外一个让你以后看得到这些漂亮花的方法。"

朵朵惊奇地看到朵爸，问："是吗？爸爸，快点儿告诉我，快点儿告诉我。"朵爸指着前面几个写生的大学生，说："你看，就像那些哥哥姐姐一样，用画笔把这些美丽的鲜花画下来啊。"朵朵凑到那些画画的学生面前，看着他们画着各种各样的鲜花，说："爸爸，我也要画画。"

从此，朵朵开始接触了绘画，朵爸用他不多的绘画知识教着她，希望她可以用自己的笔描绘、记录生活中的美好。朵爸还告诉我，朵朵有一些绘画的天分，等她上幼儿园了就给她报一个绘画班，让她好好学画画。

知识不等于智力，重要的应是具备运用这些知识的能力。爸爸妈妈要从小培养孩子的各种能力，比如，观察能力、记忆能力、思维能力、想象能力、语言能力、动手能力等。绘画是眼、手、脑紧密配合的活动。在绘画活动中，要将感知到的具体物品、形象，通过眼睛认真观察，经过分析、比较找出主要特征，运用线条、色彩等手段描绘出来，做到视有所感、脑有所思、手有所致。在绘画的过程中，无形之中就提高了孩子的各方面能力，当然，这其中也包括空间感觉能力。

思维是人脑对现实的加工反应，孩子的思维加工能力不强，所以他们擅长的是直接、直观的形象思维。人类将观察到的东西，经过分析、概括发现事物的内在联系，掌握发展规律，从而有所发明创造。在绘画的过程中，孩子把要绘画的内容看到眼里，记到心里，经过自己的思维整理，再画出来，无形之中就进行了大量的思维活动，从而锻炼和提高了思维能力。

爸爸妈妈要尽可能地让孩子自己去画。尽管不到3岁的孩子还达不到“绘画”的程度，只能算是涂鸦，但是就是在那些看起来乱七八糟的涂鸦过程中，孩子看到什么画什么，想到什么画什么，形象思维能力逐渐提高，涂鸦一多，空间概念也会慢慢建立起来。

朵朵自从1岁多就开始用笔在家涂鸦，铅笔、彩笔、圆珠笔，她用她能拿到的笔在家里到处乱画。有一次，一个朋友来我们家，看到我们客厅的墙上被画得乱七八糟的，就说我们家怎么这么“花”啊，并说：“你们不是想这两年换房子吗？要是到处都弄花了弄脏了，房子的价钱都要受一定的影响。”朵爸笑着说：“这些画都是我女儿的杰作，你没看到画得多的地方都是比较低的地方吗？就算这些画会影响这房子的价钱，也无所谓，没什么比让她开心地画画更重要的事了。再说，我们家的墙在装修的时候就刷上了一层漆，以后一擦就掉。”朋友看着朵爸，竖起大拇指，说：“我真是服了你了，你可真是一个好爸爸。”朵爸得意地大笑起来。

人类有一个重要的能力，那就是观察能力，观察当然不是随便一看，心理学上称之为“有目的、有计划的视知觉活动”。伟大的生物学家达尔文说：

“我既没有突出的理解力，也没有过人的机智，只是在观察那些稍纵即逝的事物时，对其精细观察的能力上，我可能在众人之上。”无独有偶，画家齐白石画虾是一绝，把虾都画活了。他用水缸养虾放在案头，每时每刻细致观察虾的各种动态，这样才把虾活生生地画出来。由此可见，长时间的观察，强大的观察能力，不仅可以提高绘画水平，还可以提高综合能力。

观察是孩子认识事物、获取知识的重要途径，是迸发创造力的基础。在绘画的过程中，孩子可以体会到观察的重要，慢慢提高自己的观察能力。

我带朵朵到附近几个幼儿园进行入园考察，最后我和朵爸一致决定让她到最近的幼儿园入学。我对朵朵说：“朵朵，你把幼儿园画下来，让爸爸看一看吧。”朵朵看了看我，说：“妈妈，不会画。”我说：“我都带你去过好几次了，你一点儿都不记得了吗？”朵朵低下头，说：“我不知道幼儿园是什么样子。”朵爸笑着说：“朵朵，你不是不知道，而是每次去你都没有好好看一看幼儿园长什么样子。下次去好好看一下，回来画给爸爸看，好吗？”朵朵高兴地说：“好的，我一定会看的。”后来，我又带着朵朵去了好几次幼儿园，我提醒她好好看一看，朵朵围着幼儿园看了好几圈，看得很仔细。回家以后，我让她把幼儿园画出来，朵朵认真地画了好半天，终于画好了，虽然画得太“大概”了，但是起码看起来像个房子，她还画出了幼儿园的特色——尖尖的屋顶。

孩子虽然还小，还画不出来什么作品，但是一定要让孩子养成观察的习惯和思维。爸爸妈妈要引导孩子学会观察，从孩子最感兴趣的事物入手，培养孩子观察的兴趣。爸爸妈妈要让孩子观察季节和气候的种种变化：春、夏、秋、冬、风、晴、雨、雪，观察时间的变化：早晨、中午、晚上。爸爸妈妈可以领着孩子到公园去观察树的四季变化、水面的波纹、亭榭和远山等自然景色；到动物园看各种动物，让孩子观察大象、长颈鹿、猴子的不同形态、不同生活习性；让孩子观察家里人，看大家穿了什么衣服，平时是怎么吃饭、喝水的……让孩子多观察，丰富孩子头脑中的素材，这样孩子画起画来才会笔下有物，才会对画画产生更大的兴趣。

绘画还可以提高孩子的记忆能力。孩子的记忆主要是无意识的，他们的大部分知识来源于无意识的记忆。孩子不是有目的地去记一样东西，而是自然而然记住了。对孩子来说，记忆的效果好坏，一是受外界事物特点的影响，直观的、形象的、鲜明的事物就容易记住；二是受孩子兴趣的支配，有浓厚兴趣的事物容易记住。

爸爸妈妈鼓励、帮助孩子观察生活，并不是单纯观察，观察的目的是积累。人类是在不断积累知识的过程中丰富自己的智慧，而积累知识又离不开记忆。绘画的语言是形象，形象的积累靠记忆。许多画家往往具有很强的视觉记忆能力，能对瞬息呈现的人物、景象在绘画中准确地再现出来，这是他们在长期的观察中练就了惊人的形象记忆力的结果。

训练孩子的形象记忆力，绘画就是一个很好的训练方法。让孩子观察后默画他感兴趣的东西，或看图画书、讲故事后默画下来，久而久之养成习惯，孩子脑子里会存储丰富的形象，要画什么就会感到非常自由。爸爸妈妈要通过绘画提高孩子的记忆力，一定要让孩子用脑、用心地去画。那种只是照画本画的孩子，缺乏形象记忆能力，离开画本就画不出来了，绘画能力和记忆能力都没有提高。

在文具店看到一对母子在买图画书，妈妈要买那种描红本。文具店老板说："你孩子才多大啊，两三岁的孩子让他自己画呗，描红本用多了，他都不会自己去画了。"妈妈最后决定不买那种描红本，买了好几本空白的画纸。在走的时候还不忘夸老板一句："您卖这些东西时间长了，也成了专家了。"

绘画还可以培养孩子的想象能力。科学家爱因斯坦说过："想象力比知识还重要，因为知识是有限的，而想象力概括着世界上的一切，推动着进步，并且是知识进化的源泉。"因此，大胆的、丰富的想象，是艺术创造、科学发明的必要因素。有了强大的想象力，才可能由此及彼、举一反三，也才能产生灵感，把某一领域的知识、技能、方法迁移到新的领域，出现新的奇迹。

想象是人头脑中原有的事物形象经过加工、改造产生新的形象的心理过程。绘画为孩子提供了一个大胆想象、自由奔放的天地。孩子的想象以无意想象为主，不是有目的的想象。他们的想象也容易变化转移，一般是看什么想什么，听到什么想什么，接触到什么想什么。画画时，一会儿画这个，一会儿画那个。爸爸妈妈鼓励孩子去画，对孩子富于想象的画面应赞扬、鼓励，不应压制，允许他们想入非非。孩子自由地、天马行空地画画，不但提高了绘画能力，还提高了想象力。

有一个做字画裱糊的人跟我说他以前是个小学美术老师，我很吃惊。他说他刚大学毕业进入一家小学当美术老师，有一天，有一个孩子在课堂上画了一棵树，树上长满了各种水果，有西瓜、香蕉、苹果、桃等。他就问孩子画的是什么，孩子说那叫“百果树”。他告诉孩子这世上是没有那样的树的，让孩子好好地画苹果树。后来这个孩子在语文作文里写道：“这世上要是有百果树，一定和我画的是一样的，可是老师说世上没有那样的树，世上只有普通的苹果树。这个世界真无趣，连那样的树都没有。”后来语文老师跟他说起这件事，他才知道自己的一句话毁了孩子的想象力，觉得自己太循规蹈矩，可能会影响学生的想象力，于是辞职做了字画裱糊的工作。

我当即觉得应该仰视他，他能正视自己的工作，本着为学生负责的态度去做事，实在值得人敬仰。如果我们成年人打击孩子想象的积极性，想象的翅膀受到束缚，创造的火花也就泯灭了。由此一想，我们平时更应该保护孩子的想象力，不要用大人的想法去约束孩子，应该让孩子自由自在地去画。

对于不到 3 岁的孩子来说，尽量让他自己去画吧，看到什么画什么，想到什么画什么，孩子就可以逐渐增强自己的各方面能力。

妈妈有话说

爸爸妈妈指导孩子观察，也可以从日常生活中的物件入手。家里的生活用具的形状很简单，容易识别。比如，大大的衣柜、圆圆的瓶子、四四方方的电视机……让孩子观察这些东西，可以培养孩子认识物体的能力。

孩子画画总附有自己的情感，比如，妈妈的书包、爸爸的书桌、宝宝的玩具。爸爸妈妈要鼓励孩子去画这些，静止的物件带上感情的色彩，就生动起来了，童真和童趣也就体现出来了。

专家方案

1. 目前不少家长盼子成龙，看到孩子能画几笔，就到处寻师访友，打听孩子是不是有这方面的天赋，见到孩子能抹两笔国画，偶然画出一些笔墨趣味就认为是神童了。爸爸妈妈要沉得住气，对孩子画画适当给予鼓励是必要的，如果过分赞扬，对孩子并无好处。

2. 绘画是打开孩子心灵的钥匙，爸爸妈妈可以通过看孩子画的画，去了解孩子，走近孩子。

第四章

培养创造性思维智能，让孩子大胆创新

人类社会的发展需要创造，拥有创造性思维才能打破常规，创造奇迹。爸爸妈妈都希望孩子今后能独立思考，具有创造性。富有创造力的孩子，长大后更有出息！

孩子天生思维活跃，但成长的过程中，却逐渐有了差距。问题出在哪里？其实，就来自爸爸妈妈对孩子的日常教养。爸爸妈妈要保护孩子的创造力，从小就要对孩子进行创造性思维的训练。

“假如”走进故事中

孩子是伴着故事长大的，如果你经常给孩子讲故事，你会发现，他们很容易进入故事中，甚至把自己当成故事中的角色。

从朵朵7个月开始，我就开始给她看一些情节简单的书，每页只有一句话或者根本就没有文字，全凭想象。为了养成她不挑食的习惯，我给她买了一本《真好吃》的书，每一页都是不同的人物在吃东西。

朵朵特别喜欢我给她读这本书，每读完一页，会要求赶紧翻开下一页。最后一页是一个小女孩拿着苹果喂妈妈的画面，配的文字是：苹果真好吃，妈妈先吃一口。那本书，让朵朵的饮食变成了一件非常有趣的事情。每次吃饭，朵朵就会用上面的句式造句，比如，麦片真好吃，啊呜一口吃掉它；牛奶真好喝，咕咚咕咚喝掉它。更有趣的是，每次吃苹果，她都会用小手举着苹果说：“妈妈先吃一口。”

稍微大一点儿后，每天晚上睡觉前，我都要和朵朵一起看一些绘本故事。当我给她讲故事的时候，我总是用不同的声音来演绎各种角色。朵朵喜欢让我反复地给她讲同一个故事，讲过几遍之后，里面的人物和台词就记得很熟了。于是我就让她也扮演其中的角色，轮到她扮演的角色说话的时候，她自己也会有模有样地背台词。后来朵爸也加入了我们的行列，他总是一副滑稽的表情和声音，每次都把朵朵逗得咯咯笑。

令我记忆深刻是有一本《猜猜我有多爱你》的书，朵朵很喜欢大兔子爸爸和小兔子的对话，还用稚气的声音模仿小兔子。这本书我们看了一遍又一遍，到后来，我们已经把他们的对话都记住了。一天，朵朵说："妈妈，我想和爸爸像大兔子和小兔子那样对话。"我说："好啊。"朵爸尽量去模仿大兔子的动作，朵朵也非常认真地模仿小兔子的表情动作。一会儿伸直胳膊，一会儿跳起来。演到最后，朵朵和故事中的小兔子一样，很开心、很满足。在我们表演的过程中，她和小兔子一样，觉得自己很爱爸爸妈妈，爸爸妈妈也很爱自己。

孩子喜欢故事，并且会将故事中的情节想象成发生在自己身上的事情。这种体验会让孩子的思维更具想象力、创造力。给孩子讲故事，最好是选择那些经典的绘本书，让孩子感受语言、画面的双重刺激。

有一本书《小红母鸡》，书中的主人公小红母鸡要种一颗麦子，他不断求助却总是遭到拒绝，但是每次都非常乐观，最后，小红母鸡靠自己的努力不但种了麦子，还将收获的麦子磨成了面，做成了面包。他调皮地问："谁来帮我吃?"朋友们争先恐后地回答："我来，我来。"这次小红母鸡却回答说："我自己来。"于是他一个人享用了美味可口的烤面包。

在讲这个故事的时候，我非常注意让朵朵体验小红母鸡的心情，当小红母鸡每一次请求别人的帮助，遭到拒绝的时候，朵朵也和小红母鸡一样有一点点失落。这时候，我就会问她："如果是你，你会怎么办呢?"朵朵说："我也自己来。"随着小红母鸡的不放弃，朵朵也好像体会到了他的执着和无畏。最后，我们读到小红母鸡吃着自己做的烤面包的时候，朵朵微笑了起来。接着我又将小红母鸡的房间给朵朵描述了一下，我说："你看小红母鸡虽然一个人住，可是他的房间多么整洁啊，瞧，墙上还挂着画呢，他还是个很有情趣的小公鸡。哦，他还有一套成长写真呢。瞧，这是他还是蛋的样子，这时他是个小雏鸡的样子。咯咯……咯咯……"我还没说完，朵朵已经笑成一团了。

故事能够促进孩子语言、词汇的发展，这同样有利于创造性思维的发展，而创造性思维的发展也同样需要语言、词汇。所以，在给孩子讲故事的时候要运用丰富的语言，并且让孩子用自己的话来丰满故事的情节。如果只是把故事原封不动地念给孩子听，那还达不到启发孩子思维的目的。最好的方式是，利用一些小小的手段，让孩子走进故事里。其实这个对于孩子来说并不难，因为孩子的想象力远比爸爸妈妈丰富。

爸爸妈妈最常用的办法就是角色表演，让孩子扮演故事的主人翁，想象自己正身处主人公的境地。还可以利用孩子日常熟悉的东西来对故事加以描述，比如，孩子的成长写真。爸爸妈妈还可以通过创设各种情景，让孩子得到直观的体验，为孩子提供创造性思维的环境。

爸爸妈妈可以在家里准备一些易于激发孩子想象的图片、实物，还可以利用语言、神情创造一定的氛围，这样他们很容易进入故事中的情景，从而启发创造性的思维。比如，在讲故事的时候，讲到兔妈妈回来了，小兔子特别高兴地去开门。这时候爸爸或妈妈可以假扮兔妈妈，同时在孩子假装开门的一瞬间给她一个热切的拥抱。我在和朵朵做这个时候，朵朵几乎就认为自己是小白兔，还问我，“妈妈小白兔是不是很乖？”

孩子一般都是喜欢听故事的，而且急于知道结尾到底如何，我们不妨可以利用这个特点，促进孩子的多种能力的发展。尝试用续编故事的形式，引导孩子创编故事后一部分情节的发展，从而培养孩子创造性思维。

我们在给朵朵讲故事的时候还发现，孩子对已经讲完的故事有时候会生出很多自己的想象。于是朵爸就说，不如以后我们只讲故事的前半部分，让朵朵自己编后面的内容。

让孩子给故事编结尾，可以培养孩子思维的条理性及丰富的想象能力。孩子要编结尾，就要动脑筋去思考，发挥自己的想象力，根据故事人物、主要情节线索去得出一个合情合理的结局来。

爸爸妈妈要注意：在故事的选择上要侧重那些具有发散空间的故事进行改编，为孩子提供创造性思维的空间。传统的故事一般都是平铺直叙，没有刺激的故事情节激起孩子的思考。所以，爸爸妈妈要选择一些幼儿感兴趣，有趣味性的故事进行改编，分段解剖，设置情节，在故事的关键地方中断，设置悬念，引导孩子沿着原来的思路和情节往下发展。比如，《城里来了大恐龙》一书中，恐龙来到城里后，因为身体庞大，造成房屋倒塌，交通阻塞，这时警察开着警车来了，警察会对恐龙怎样呢？我们可以在这里停止，警察会对恐龙怎样处置呢？抓起来？恐龙的身子太大了；拿枪打，又怕伤害了恐龙……此时孩子的心一定提到了嗓子眼上，这样将原故事进行改编，给孩子设置障碍，让孩子想办法解决问题，促使孩子积极思考，给孩子提供思考的空间。

要注意创设有利于培养孩子创造性思维的条件。首先要想办法丰富孩子的知识和经验，逐渐丰富孩子的词汇量。这样他们才能在故事中将已有的体验和认识很好地运用到故事里。爸爸妈妈平时要注意孩子词汇的积累，时间一长你会发现，孩子将具有超强的联想能力，现实中看到的、听到的，很快就会被他编进故事里。爸爸妈妈善于观察，了解孩子已有认识经验，逐渐丰富他们的知识和经验，逐渐丰富他们的词汇量，孩子的知识经验越丰富，想象就越开阔，想象的内容越具体，思维也就越活跃。

比如，到了食品店里，我们不要单纯地跟孩子说："瞧，这是薯片。"而是说"这是又香又脆的薯片""葡萄又甜又酸""苹果又甜又脆"，孩子的知识经验丰富了，词汇丰富了，想象力也丰富了。

其实，故事不一定要是现成的，妈妈也可以发挥自己的想象力，随时随地为孩子编一些适合他们的故事。我比较喜欢在具体的环境中给朵朵编故事。

有一天早晨，我带朵朵在公园散步，几只小鸟在树枝上叽叽喳喳欢快地唱着歌，我让朵朵抬头看，还对她说："你猜小鸟在说什么呢？""小鸟在喊妈

妈！”朵朵欢快地说，“嗯，那接着又说什么啊？”我又问，“听见了小鸟喊妈妈，妈妈又会说什么？”这样，就不是你自己在讲故事了，孩子会和你一起完全进入这种故事的情境当中。

妈妈有话说

每个当妈妈的都有这样的经历，在给孩子讲故事的时候，孩子非常容易进入故事中，和故事中的人物同悲同喜，而且还会把自己当成故事中的某个人物。所以，我们在给孩子讲故事的时候，就可以给孩子创设各种情节，让孩子在故事中体会各种情感，解决各种难题。

专家方案

故事能给孩子带来丰富的想象，让孩子感受主人公的情感，还可以让孩子想象书中的每一个场景。在孩子的眼里，一切都是有生命的，孩子有时候会分不清真实和虚幻，所以我们可以利用孩子的特点，让孩子走进故事的情境，充分发挥想象力，锻炼孩子的创造性思维。

让水陪伴孩子长大

人类对水有着特殊的情感，在妈妈肚子里的时候，孩子就处在一个水环境中。出生后，孩子仍然会喜欢在水里的感觉。从一出生就可以让孩子洗澡、游泳了。由于水对皮肤的触感，以及水千变万化的特点，使得水成为各个年龄段孩子的最爱。玩水的过程，对于提高孩子的创造性思维非常有好处。

朵朵出生后3个月以前，我就借助洗澡让她和水有了亲密接触。每次洗澡前先在浴盆里注入适量的温水，给朵朵做一下被动操，让她热热身，然后把朵朵放进澡盆里，用手轻轻撩起水，轻声告诉朵朵，“这是水。”她虽然不会说话，但是会很享受。大一点儿后，我就握住她的小手，教她用小手拨动水，看到激起的水花，朵朵非常兴奋。

你会发现，很快孩子就学会自己玩水了。你还可以在水里放一两个塑料玩具，让它们漂浮在水上，这样会让孩子玩得更开心一点儿。对这一时期的孩子来说，玩水可以感受水的浮力，锻炼触觉等，激发愉快的情绪。

等到3个月以后，孩子不仅可以洗澡，还可以买个小小的游泳池，或者到专门的婴儿游泳馆让他在水里游一会儿。这个阶段，可以让孩子学习玩水。将孩子的衣服脱掉，轻轻放进浴盆里，双手抱住孩子的背部，让孩子的脸朝上（注意不要让他的头碰到水）。托住孩子，把他放在水面上轻轻地来回晃动。朵朵在这个时候，往往乐得一直张着嘴。要是小脚一蹬，水溅了起来，她会乐得咯咯笑。每次洗澡之前，最好都让孩子先玩一会儿。这样更有利于孩子大脑和思维的发展。

孩子6个月后，就可以在洗澡的时候做一些游戏，我在给朵朵洗澡的时候，给她准备了一块海绵。我对朵朵说："看，妈妈手里拿的是一块海绵，可以吸好多水。"接着我把海绵弄湿，又示范性地拧干。然后把海绵递给朵朵，握着她的小手，和她一起把海绵浸湿后再拧干。一会儿朵朵就可以自己玩了。她不停地将海绵弄湿，又拧干。等到她玩得很熟练以后，我就给她拿了一个小碗，对她说："来，朵朵把水拧到小碗里。"

我们还为朵朵准备了几个塑料小球，一个塑料小桶，让她洗澡的时候玩。第一次玩的时候，我先把小球拿出来给朵朵看，然后放进浴盆里。把小塑料桶也放进水里，教她用小桶把小球一个一个地捞进去，再把小球倒出来。朵朵马上就喜欢上了这个"工作"，不停地在水里捞啊捞。这个游戏可以很好地让孩子感受水的浮力，锻炼手眼协调能力。

等到孩子1岁后，随着能力的增强，这个阶段的孩子玩水的花样可以增加一些。干净的塑料袋也可以成为玩水的好工具，让孩子用塑料袋去装水，再把水倒出来，反复玩。还可以在塑料袋上戳几个小洞，让孩子看到水从袋中流出来的样子。如果把这样的塑料袋装满水后挂在高处，还能变成一个好玩的莲蓬呢。

一次，在洗澡的时候，我把香皂放到了浴盆边，朵朵看见了，就伸手去拿，可是香皂太滑了，一下子落进浴盆里，于是朵朵便俯身到水里去抓香皂，刚抓住，香皂又"淘气"地逃掉了。我跟朵朵说，"你试试用两只手去抓，捧起来。"朵朵试着用两只手将香皂抓住，开心地举到我的眼前，说："妈妈，抓住啦。"

2岁后，孩子会玩的花样更多了，玩水的过程也是他们发挥想象力和创造力、增长智慧的过程。通过玩水，孩子可以获得有关大小、多少、沉浮等科学经验，培养孩子的想象力、创造力。

妈妈可以在孩子洗澡的时候，在水面上放一些塑料小球，教孩子把小球按进水里，并观察小球浮起来的过程。也可以提供一些类似的可以漂浮在水面上的塑料玩具或积木，让孩子按着玩。既可以锻炼小手的灵活性，还能够培养观察能力，提高创造性思维。我曾经为朵朵准备了一些可漂浮的玩具，比如，塑料盘子、瓶盖等，放在水盆里，让朵朵用硬币或小石子瞄准了目标去打，尽量将它们打沉。这个新颖的游戏，让朵朵感到很新奇。当朵朵熟悉这种玩法后，我又给她增加了难度，让她站得更远一些再打。有些时候朵爸也参与进来，朵爸和和朵朵进行比赛，每人手里拿一样多的硬币，看谁打沉的东西更多。

爸爸妈妈还可以把漂浮的和不能漂浮的玩具都放在水里，让孩子观察什么能漂浮在水上，什么不能漂浮。要是有玩具小船就更好了，可以玩想象的游戏，比如，当“小船”沉到水里去的时候，你可以让孩子去打捞这些“沉船”。这些游戏，对于孩子来说，既可以锻炼其灵活性，又具有发展想象力的作用。

夏季酷热难耐，爸爸妈妈可以利用这个时机让孩子好好玩水。因为这个季节玩水，妈妈不必担心孩子会因衣服湿透而着凉感冒，妈妈只需及时换掉孩子的湿衣服，就不会有什么问题了。看到孩子开心地玩水，妈妈不用阻拦，而应好好地在一旁协助，同时更应该创造机会让孩子玩水！只是在玩水时，妈妈一定要小心看护，不得掉以轻心！孩子在玩水的时候一定要注意以下问题：

1. 不要往浴盆里放太多的水，以免发生意外。

2. 孩子玩水的时候，大人一定要在旁看护，因为再少的水也有可能出现危险。

3. 玩水的同时要教孩子不要浪费水。不要任由孩子打开水龙头让干净的水白白地流进下水道。

4. 玩水时如果弄湿了衣服要及时更换，防止着凉感冒。

5. 水温不能太低，提醒孩子不能喝水，不要把水搞到鼻子里，在保证安全的情况下，让孩子大胆、开心地玩。

妈妈有话说

孩子喜欢玩水，很多爸爸妈妈都会觉得这是一个很让人头疼的事情，因为玩水的时候会弄湿衣服，会把水洒得到处都是。有的爸爸妈妈还认为孩子爱玩水是淘气不听话。实际上，在孩子的眼里，水是一种很好玩的“玩具”，触感舒服，变化万千，有哪种玩具能像水这么好玩呢？所以，爸爸妈妈可以尽情地让孩子玩个够，还可以和孩子一提起玩，你会发现，有时候我们大人和孩子一样，对水充满了亲近感。

专家方案

玩水可不受季节的限制。夏天，可利用洗澡及游泳的机会，让孩子赤裸身体在水里高高兴兴地戏水或与小朋友一起打水仗；冬天可以把手和脚分别浸泡在温水盆中，不断地加入热水，让他感受不同的水温。在玩的过程中，孩子会充分调动自己的想象力，开发各种玩法，最大限度地发挥孩子的主观能动性和创造性。不受任何限制和拘束，想怎么玩就怎么玩，这些都可以很好地提高孩子的创造性思维。

和孩子一起观察水的状态

北方的冬天总是特别的寒冷，但是也有很多令人赏心悦目的景色，比如，大雪飘过，城市被覆盖在一片洁白中。朵朵最喜欢的活动是堆雪人和溜冰。每到下雪的时候，朵朵根本就不在屋里待着，一定要跑出去玩，拿着小桶、小铲子，用小铲子反复地把雪装进小桶，再倒出来。这样的动作，如果你不提醒她，她几乎都不会自己停下来。看到她对雪这样感兴趣，我突然想考考她了，于是就问她："你知道这么漂亮的雪是什么变的吗？"

"什么变的啊，妈妈？"朵朵立刻来了精神。

我说抓起一点儿雪，放到自己的手心。朵朵看着我的手，有点莫名其妙。我把手往她眼前移动了一下，这次她吃惊地喊道："啊呀，雪都变成水啦。妈妈，雪是水变的啊？"我笑着点点头说："朵朵真聪明，雪就是水变成的！"

不一会儿，桶里的雪全化了。朵朵看看自己桶里的水，又看看窗户外面洁白的雪说："妈妈为什么雪拿到屋子里就化了，在外面就不化啊？"

"你在外面感觉和屋子里有什么不一样吗？"我启发她说。

"外面冷！"

"对，因为外面冷，所以雪不会化，你把它弄到屋子来，屋子里太热，就化了。"

"哦……"

接着我又跟她说，水不但能变成雪，还能改变成冰呢。还许诺改天带她到公园的冰上去玩。

第二天，我就带着朵朵到结了冰的公园湖面上溜冰，朵朵简直乐得笑开了花儿。（这里要提醒一下，并不是所有的湖面或者河面都可以带着孩子去玩的，只有在你完全熟知环境的情况下才可以去。）

朵朵玩得正高兴时，突然就抛给我一个问题："妈妈，湖里的水怎么变成硬硬的冰了啊?!"我笑了一下说："因为冬天来了，天气冷，所以水就变成了冰。"

"那水下面的小鱼怎么办啊?"

"等到了春天，天暖和了，这些冰又会融化成水，小鱼就又能出来游了。"

"哦。"

听我这么说，朵朵趴在湖面上，想要看看小鱼究竟在哪里藏着。

回到家，回想起今天朵朵的提问，我觉得应该让她趁机了解一下水的各种形态，于是我决定跟她一起做一做结冰和融化的实验。

我说："朵朵，你想不想亲眼看看水是怎么结冰的啊?"

朵朵高兴地说："想啊。"

"那好，现在我们就接一杯水。"我拿出一只一次性纸杯，接了半杯自来水，接着我跟她说："现在我要把纸杯放到窗户外面去。好了，过段时间，它就会变成冰块了。"

哈哈，为了看水变成冰的过程，朵朵几乎趴在窗台上半天没动。我告诉她要很长时间，于是她才悻悻地离开。下午睡了一觉，醒来第一件事就是冲过去看看水有没有结成冰。由于已经提前知道杯子里的水已经部分冰冻了，所以，我就把杯子拿回来给朵朵看了看。

"哇，真的结冰了。"朵朵高兴地用小手去接杯子。我问她："你想不想看到杯子形状的一块冰啊?"朵朵说："想。"

“那好，咱们就让它再冻一会儿。”接着我又将杯子放回到窗外。

到了晚上，朵爸也下班回来了。朵朵高兴地跟爸爸说她在冻冰块。

“是吗?”朵爸好奇地跟着朵朵来到窗边，打开窗把水杯拿了进来一看：水杯里的水已经完全结冰了。

于是朵爸便把冰拿进来给朵朵看，他让朵朵用手摸一摸，朵朵开心地说：“真凉啊！和冰棍一样凉。”

接着朵爸问朵朵：“你知道水为什么会变成冰吗?”

“我知道，外面冷了，所以水就结成了冰，妈妈告诉我了。”

“那你知道冰怎么才能变成水的样子吗?”

“到了春天就变回去了。”朵朵说。

“朵朵说得很对，可是你看……”朵爸的手在冰上放了一会儿，拿出来的时候，手指上便有了好多水，杯子里的冰面也出现了一个小坑。朵爸接着问：“瞧，是不是化成水了。”

“嗯。”朵朵点点头。

“这是怎么回事呢?”爸爸问。

“爸爸的手劲儿大，把水按出来了。”朵朵自信地回答。

“那朵朵也来按一下。”在朵爸的引导下，朵朵伸出小指头按在冰面上，可是怎么也按不动。最后只好把手拿出来，结果她的手上也有水，而且冰面上也出现了一个小手印。

“冰凉不凉啊?”朵爸问朵朵。

“凉。”朵朵说，

“那我们的手呢?”

“我们的手，哦，我们的手热。”

“对呀，因为我们的手是热的，所以可以把冰化成水。来，爸爸再给你做个实验，我们来把这块冰放到温水中，看看会怎么样。”说着朵爸把杯子里的冰块倒进盛着温水的小水盆里。一会儿，冰融化了一些，朵朵兴奋地喊道："爸爸快看，妈妈快看，冰变小了。"

朵朵好奇地说："我想玩一玩那块冰。"

朵爸爽快地答应了，于是，朵朵开始拿着冰细细把玩。一边玩，嘴里一边念叨着好凉的冰啊。朵爸说："是啊，这就是冰凉冰凉的感觉啊。"说着把朵朵手里的冰拿开，给她擦了擦手，又用自己的大手握住她的小手说，现在是不是感到很温暖。朵朵笑着点点头，小嘴巴凑到朵爸的脸颊上亲了一口。

不一会儿，冰块在温水中完全融化了，朵爸问朵朵："冰到哪里去了啊？"朵朵非常自信地说："变成水了。"

大自然中，有很多神奇的现象，完全可以拿来利用，启发孩子进行思考。这样的思考成为习惯后，孩子就会对好奇的事物进行一番探究。很多的创造发明都是因此而出现的。在孩子别人看似平常的事情中发现不寻常的东西，这就是所谓的创新。而水在自然界的各种形态，便是孩子很好的教材。

爸爸妈妈在做冰变水的实验时，如果是夏天，可以用冰箱来冻冰块。做冰块前如果在冰格里滴一些蓝墨水，就可以制成蓝色的冰块。当蓝冰块在水里融化时能看到蓝墨水慢慢散开，非常奇妙。如果在做冰块前在水里加入多种水彩颜料，能让孩子看到各种颜色互相交融。

科学其实并非一门高深的学科，它和我们的生活是息息相关的。水作为自然界最常见的物质，能够以很多种状态存在。冰变水的小实验，可以开拓孩子的思维，让孩子意识到一种物质可以有很多种存在的状态。激发孩子对大自然，对身边事物的好奇心，还会让孩子从小养成观察、感知的好习惯。妈妈还可以像魔术般展现水的物态变化，先把流动的液态水放在冰箱里变成不流动的固态水——冰，然后把水放在水壶里烧，变成蒸发出的气体。孩子看到后，肯定会感到很好奇，进而引发疑问与思考："水为什么会变这样？"妈妈可以逐一给孩子解释，并告诉他生活中这样的现象有很多，只要勤于观察，就会有所发现的。

3 岁左右的孩子对于自然界的各种事物开始产生浓厚的兴趣，在孩子做实验的整个过程中，孩子往往会欣喜地告诉你，他所发现的一些有趣现象，同时也会提出一些非常有意思的问题。面对这些发现和问题，我们应该加以判断和筛选，捕捉有价值的问题，引领孩子接近事实真相。

科学小实验不仅培养孩子的求知探索欲，对专注力、思维、学习等方面都起到了很好的作用。当孩子完成实验后，往往会有很多发现，也会或多或少地产生一些问题，有些问题是显现在言语中的，有些却是隐藏在他们的“实验”作品中。此时此刻孩子收获很多，但是却往往尚未触及问题的核心，需要爸爸妈妈帮助加以梳理提炼。当然在实验过程当中，孩子也会遇到操作上的难题，这时候我们要加以帮助，指引孩子正确操作。

朵朵跟我说她也想有一个自己的实验室。于是我就给她搜集了好多的瓶瓶罐罐，在阳台上开辟出一块空地。

通过做小实验，能够可以让孩子了解很多有趣的现象，知道这些现象产生的原因。各种直观、新奇的现象，会使得孩子在好奇心的驱使下不断产生问题、引发猜想，并促使孩子不断萌发新的探索欲望。

人们常说：“心灵手巧”，其实手巧也会使心更灵。教育家苏霍姆林斯基也曾指出，儿童的智慧在儿童的手指尖上，手是儿童思维的镜子。手的动作是和思维活动直接联系的，信息从手传导到大脑，又由大脑反馈到手，二者之间是双向联系，这种联系越多越能促进两方面的发展。因此，积极培养孩子的动手能力，对于思维发展是极为有力的。在科学教育活动中培养孩子的创新思维，我们还应该注意要用积极、肯定的态度来评价孩子的活动，鼓励他们动手操作，大胆创新，不断在活动实践中丰富和完善孩子的创新思维。

妈妈有话说

2岁多的孩子会显现出对于自然和身边各种现象的好奇，爸爸妈妈可以有意识、有目的地引导孩子，让孩子认识各种物质和自然现象，和孩子一起做做科学小实验。这些小小的实验，对于孩子来说，既可以提高思维水平，同时也是很好的游戏。

爸爸妈妈作为孩子的第一任老师，有责任引领孩子认识这个奇妙的世界，并且让他们对世界充满好奇，只有这样，他们才会具有探索的精神、创新的意识。大自然中有很多我们习以为常见怪不怪的东西，对于孩子来说都是陌生而新奇的，所以，当孩子睁着好奇的眼睛询问的时候，你千万不要无所谓地回答："这有什么，本来就是这样啊！"

专家方案

在做小实验的时候要鼓励孩子质疑问难，思维是从发现问题开始的，孩子提问表明他在对事物进行探索、思考，在寻找事物之间的相互联系，这正是思维的表现形式，也是孩子创新思维的开端。科学是很有趣的东西，有些实验孩子尽管还不知道背后的科学原理，但却能激发孩子的好奇心，甚至对他们今后的志向有所影响。

纸有多少种用途

朵朵喜欢画画，于是我就给他准备了好多本子。这些本子都是以前不用的笔记本上拆下来的。朵朵在这些本子上画画感到很开心。

剩下的那些写过的纸我觉得扔掉挺可惜的，于是就自言自语地说："这些纸能用来做什么呢？"朵朵也歪着头说："我看可以叠纸飞机玩。"我立刻响应说："这真是个不错的主意！"于是我就拿一页纸叠了一架飞机，轻轻往前一抛，飞机做了一个漂亮的滑翔。朵朵兴奋地拍起了手，一边去捡飞机，一边说："妈妈你真棒。"

我说："朵朵，其实纸有很多用途，你能告诉我纸还能做什么吗？"

"嗯，叠小动物。"朵朵回答。

"嗯，"我点点头。"除了叠东西还能做什么？"

"能剪花。"朵朵拿起一页粉色的纸。"还能做卡片。"还没等我说话，她接着又说。

"对，朵朵说得真好，还有什么用途呢？"

"我知道纸还有一个用途，可以做成装饰品，对不对，我们把它做成拉花可以用来装饰房间。还可以做成玫瑰花，我们老师就会做。"

我说："现在我们来玩，纸孩子变变变，朵朵你来把纸变一个样子好不好。"

"变一个样子？变成什么啊？"朵朵好奇地问道。

我要用这张纸做一个小盒子，朵朵吃了瓜子就可以把皮儿放在里面。朵朵喜欢吃瓜子，于是她开心地说："好！"我用纸做成一个纸盒子后，朵朵说也想自己动手做一个东西，最后她把纸叠成一床被子说："妈妈，看我给你做了一个被子。"我很惊奇孩子居然有这样的想象力。接着我又启发朵朵用纸做了很多的东西，枕头和衣服等。

接着我拿出一张报纸来，说："现在请朵朵来把她变成一个纸球好不好？"我用力把报纸揉在一起，朵朵也跟着用力揉啊揉。

纸球做好了，我们开始抛、踢，用自己做的纸球玩游戏，朵朵特别开心。

我又拿出家里的各种手工纸、广告纸、餐巾纸问朵朵，"这些都是纸做的，你还知道哪些东西是纸做的吗？"朵朵屁颠颠地跑到阳台上，拿了一个漂亮的盒子说："妈妈这是纸做的。"

接着我拿出一个纸袋子，问朵朵，"朵朵看这是什么呀？"朵朵回答说是一个纸袋子。我说："对，我拿的是一个漂亮的纸袋子。那么，你知道它是用什么做的吗？"朵朵说，"纸袋子，当然是纸做的啦！"我跟朵朵说，"现在妈妈和朵朵来做一个游戏，请朵朵闭上眼睛。"接着我在纸袋里放了朵朵认识的各种纸制品，让朵朵摸一摸，然后猜出它们的名字。这些东西包括报纸、书、邮票、餐巾纸等。这样做是为了让她感知各种纸的不同，接着我们还讨论了各种"纸"的用途。比如，当朵朵摸出餐巾纸的时候，我趁机问朵朵，"餐巾纸是什么做的啊？"朵朵说："当然是纸啦，餐巾纸嘛！"我说，"朵朵真聪明。那你告诉妈妈，餐巾纸能用来做什么吗？"

"擦嘴巴。"朵朵自信满满地说。我又引导她，问："嗯，不错，还能干什么呢？"

"擦鼻涕。"朵朵想也不想地回答。

"除了盒装的餐巾纸，你还见过其他什么样的餐巾纸呢？"

"嗯，还有袋子里装的，还有一摞一摞的。"

接着我又拿起手工纸，问朵朵，“手工纸漂亮吗？”

“漂亮。”朵朵说。

“手工纸为什么比别的纸漂亮呢？”我继续问。

“手工纸是红色的呀。”朵朵大声地说。

“对了，因为手工纸有颜色。”

“那我们可以用手工纸做什么呢？”

“嗯，剪小动物，折飞机。”

“对了，手工纸可以用来做剪纸和折纸玩。”

纸的用途延伸出来的谈话，可以很好地扩展孩子已有的经验。爸爸妈妈还可以搜集各种各样的纸，广告纸、旧的报纸杂志、卫生卷筒纸等，质地各异，让孩子痛快地撕一撕，揉一揉，亲手体验一下各种纸的不同质地和不同力度。

启发孩子将废纸揉在一起，团成一个大大的纸球，用胶纸粘一下（纸球的大小与孩子的脑袋差不多），再用胶带在墙上贴一个方框的形状，鼓励孩子对着墙踢大纸球，能不能将球踢进墙上的“球门”中。用杂志上的广告图片自制拼图。用剪刀把图片剪成 4~8 块（等孩子拼图熟练了，可以剪得更多更小一点儿）。拼图游戏可以锻炼孩子的记忆能力和观察能力，它需要孩子有对图案的整体记忆，也需要有对细节的细致观察。

最后，面对一堆的废纸，我问：“朵朵，纸的用途多不多啊？”

“多啊！”

“那你知道，这些纸如果被扔到垃圾桶会怎么样呢？”

“那就变成垃圾了呗。”朵朵毫不犹豫地说。

“其实，即使是到了垃圾桶，纸也还会被收回来再利用的。有很多书和报纸都是回收后的废纸做成的。”

“妈妈，那我画过画的纸也可以再用吗？”

“当然了，也许有一天，他们就变成故事书出现在你面前了。”

“太好了，妈妈。我要把这些没用的废纸都扔到垃圾桶去！”朵朵愉快地喊了起来，说着她抓起地上的碎纸就往垃圾桶里面扔。我说：“等等，直接扔到垃圾桶的话，纸会被弄得很脏的，而且那些工人们还要从这些脏兮兮的垃圾里面把它们清理出来，很麻烦。所以，我们要把纸和其他可以回收的物品单独放在一起。”说着我指引她将纸放到了阳台里面的杂物箱里。“瞧，这里面的东西都是可以回收再利用的。”

后来我又给朵朵讲解了纸的发明过程。朵朵知道了纸的由来，了解了纸的制造过程。朵爸也参与进来，我们一同探索了纸的发展史。

一张小小的纸可以延伸出这么多的活动。让孩子了解一下纸的特点，不仅可以发展孩子的语言表达能力和肢体表现能力，还能活跃孩子的思维。

妈妈有话说

和孩子一起游戏，孩子可以在游戏中学习很多知识。孩子喜欢的、感兴趣的东西，他会更加乐于去了解和探索。生活中的很多事物都可以用来成为探索的对象。爸爸妈妈要抓住孩子的特点，运用游戏的方式，可以让孩子学得更多、更好。

专家方案

对于孩子来说，纸是个很好的玩伴。所以，当爸爸妈妈跟孩子一起发现纸的各种用途的时候，他会非常有兴趣。这种发散式的思考问题的方式，就是简单的创造性思维。爸爸妈妈在生活中可多多创设这样的情景游戏，孩子的思维会在这种游戏中得到很好的锻炼。

宝宝，快去试一试

从孩子出生开始，我们就习惯了为他们安排一切，但是孩子渐渐长大了，有了自己的想法和主意。然而很多爸爸妈妈习惯在孩子提出自己认为不合适的要求时会立刻回应："不可以，不行！"这样的做法会让孩子失去很多尝试的机会，也无法积累真实的经验。

其实，只要爸爸妈妈肯给孩子尝试的权利，他们的表现会令你无比惊讶！

记得朵朵小的时候，我在饮食上特别小心。害怕她吃鱼的时候被鱼刺卡到，我每次都把一小块鱼翻来覆去地挑刺，挑好几遍才给她吃。可是，我挑了半天，她才吃一小块。怕她吃瓜子和花生时卡到，我几乎放弃了嗑瓜子的嗜好，因为怕她见了要吃。

可是，朵爸的方式却与我完全不同。朵朵1岁多的时候，朵爸给朵朵夹了一块鱼肉，看了一下没刺，就给他吃。还耐心地说："朵朵慢慢嚼，像爸爸这样。"边说边做出细细咀嚼的样子。朵朵也跟着爸爸的样子不停鼓动腮帮子。爸爸接着说："孩子，有刺的话就把它吐出来，就像这样……"说着又从嘴里拿出一根鱼刺。我看到后有点儿着急，心想怎么能把不确定有没有鱼刺的鱼肉给孩子吃呢。没想到我正提心吊胆的时候，朵朵居然也灵巧地将一根小鱼刺用舌头顶了出来，用小手拿着让朵爸看看自己的战果。

朵爸说："凡事都要孩子尝试第一次，不要总是什么都替孩子想到，那样孩子永远也不会长大。”后来，朵爸还教给朵朵吃瓜子和花生，朵朵很快就掌握了技巧，小嘴巴非常灵巧地就将瓜子皮和仁分离开，把皮儿吐了出来。

朵朵的表现让我很是惊讶，后悔自己以前对待她的方式太过武断，让孩子失去了自己学习的机会。在以后的生活中，我都非常注意，不以自己的经验和意愿控制孩子的行为。

孩子从小到大，是一个不断尝试、不断学习的过程，作为爸爸妈妈的我们，不能只是为了省心省事，就剥夺了孩子尝试的机会，而将自己的经验直接输入到孩子的脑子里。长期的灌输式教育，会让孩子的大脑处于被动接受的状态，哪里还会有创造性思维，即使以后到了学校也只会被动储藏知识，不会创造性地运用。所以要想培养孩子良好的创造性思维，我们从小就要会给孩子创造体验、尝试的机会。

孩子与生俱来的好奇心促使他们一刻也停不下来，总是摸摸这，动动那，爸爸妈妈要鼓励孩子大胆触摸家里的物品。将危险品、不能动的物品收拾好，其他物品可以让孩子去触摸，如电话、电视机、电脑、音响、手机等，只要孩子有兴趣，不要限制他，让他去学习使用。在手指尖触摸的过程中，孩子的创造性思维也就得到了最好的发展。千万不要因为怕孩子弄乱了东西，而粗暴地制止，应该对孩子的好奇心给予鼓励，同时给孩子正面的解释。

1 岁半至 2 岁的孩子，随着动作能力的发展，活动范围进一步扩大，他们虽然还需要爸爸妈妈的照顾，但是已经开始尝试“自己来”。

孩子在 1 岁半的时候开始有了非常强烈的自我意识，什么都要自己来试一试，这时候爸爸妈妈需要培养孩子对周围世界的“无所不能感”，所以对这个阶段的孩子不要有过多的束缚。其实说得简单点儿，就是少一些控制，尽量去尊重孩子的主动性。

有一段时间，朵朵总是在我做饭的时候要我抱着，我告诉她，厨房很危险，因为炉子上烧的水很烫，锅里煮的饭也很烫，不小心会被烫到。朵朵不听，我于是就抱起她，将她的小手缓缓靠近盛着开水的水壶壁上，这时候她感觉到了什么叫烫，快速地将手缩了回去。我趁机问她说，“是不是很烫？烫伤了疼不疼？”

到了2岁左右，孩子的主动性更高了，爸爸妈妈会发现孩子什么事情都要自己说了算。很多时候，他们的想法跟爸爸妈妈的想法就会不一致。

朵朵就经常大声嚷嚷：“妈妈，我自己洗脸！”“妈妈，我不要你喂饭，我自己会吃饭！”在这个阶段，爸爸妈妈要遵循的一个主要原则就是：在保障孩子安全的前提下，尊重他的主动性。

朵朵在2岁半的时候，大便后总是要求自己擦屁股，奶奶怕她弄得到处是，就不让她擦，结果每次孩子拉完臭臭都要要求一次。我只好跟她解释说：“朵朵现在还小，可以长大一些再自己擦屁股。”然而她并没有就此停止要求。实在没有办法，我就把纸叠好放到她的手上，再把她的手放到合适的位置。她尝试过后，觉得确实有一定的难度。于是就不再要求自己做了。

但是这个阶段，完全可以让孩子自己吃饭、刷牙、洗脸，他们会非常乐意自己做这些事情，虽然孩子可能会做得不尽如人意。比如，第一次学习洗脸极有可能洗不干净，甚至可能边洗脸边忘乎所以地玩起水来。但爸爸妈妈千万不要沉起脸收起毛巾，或干脆代劳了事。而是要耐心具体指点，同时，要对孩子的表现大加赞赏：“真了不起！我们的宝贝会自己做事啦！”

孩子每时每刻都在探索着这个世界，如果爸爸妈妈不给孩子机会，孩子的创造力就会被扼杀。因此，在很多时候，爸爸妈妈要鼓励孩子去尝试、探索。

孩子在2岁左右时，身心发展速度很快，他们逐渐发现自己有能力做很多事情。比如，穿简单的衣服，他们很想尝试做这些事情。可是真正让他们自己来时，却并没有那么简单。比如，袖子伸了一半就被什么堵住了；不管自己怎么伸腿，就是穿不上裤子。这时他们就生气地向大人求救，可当爸爸妈妈帮他时，他又非常不服气地说“不”。如果孩子能顺利地完成一项事情，他们的自信心就会增强，反之，他们就会产生很大的挫败感。这正是这个年龄孩子的行为和心理特点，他们虽然还非常依赖成人，但是随着自我意识的增强，他们很想通过自己的能力来做事情，向大人来证明自己“我能行，我长大了”，他们会拒绝别人的帮助，而选择“自己来”。

针对孩子的这些心理特点，爸爸妈妈对孩子的行为不能全盘否定，不要告诉孩子说：“你还小，你做不了。”这样做对孩子建立自信心是不利的。当孩子一旦有了“自己来”的意识时，一定要给孩子提供做的机会，让他们的能力得到最大限度的提高，培养孩子的自信心。

但是孩子毕竟是孩子，当孩子要求自己做某件事情时，爸爸妈妈可以根据事情的难易程度来决定是否让孩子自己来做。如果是孩子能力范围所及的，或者通过孩子的努力能够完成并且不存在安全隐患的事情，就大可以放手让孩子来做。比如，自己动手吃饭、穿衣，帮妈妈拿拖鞋等，爸爸妈妈可以在旁边给孩子做简单的指导。妈妈在洗衣服时，如果孩子来凑热闹，不妨找出一个需要洗的小手绢或小毛巾等，对孩子说：“跟妈妈比赛洗衣服吧！妈妈洗大衣服，你把这个小手绢洗干净，看谁洗得快！”孩子一定会很爽快地答应。妈妈可以先做示范给孩子看，告诉他怎么打肥皂和搓洗，相信孩子会很快学会的。这样既可以避免孩子捣乱，又能锻炼他的动手能力，还能让他体会到劳动的快乐！如果孩子做得好，别忘了给孩子鼓励和肯定，来帮孩子树立自信心。

有时候孩子要“自己来”是因为他对事情很好奇。比如，当他看到妈妈很轻易地把水倒进杯子里时，也要自己试一试，不管自己是不是已经有了这个能力，也不管是不是存在危险。这时爸爸妈妈要满足孩子的好奇心，可以选择一个塑料杯子，给孩子盛一些凉水，并且选择在不怕弄湿的地方，比如，洗手间，让孩子在自己动手的过程中增长见识和能力。爸爸妈妈千万不要对孩子大声斥责，当孩子的好奇心得不到满足时，他会和大人敌对起来。

平时的生活中，不仅要让孩子体验成功的滋味，同时也要让孩子品尝“失败”。比如，孩子自己拿筷子吃饭时，把自己喜欢吃的菜夹到自己碗里也是一种挑战。如果孩子能顺利完成固然好，如果不能完成，要鼓励孩子去完成，不能让孩子打退堂鼓，或者代替孩子去完成。

从2岁起，孩子可以在爸爸妈妈的帮助下，逐渐学会自己吃饭、穿衣、睡觉、收拾玩具等。有的爸爸妈妈对孩子缺乏耐心，他们往往不现实地要求孩子一蹴而就，而在孩子出现挫折时便强迫孩子放弃努力。有的爸爸妈妈对孩子尝试各种事情的要求过高，这也看不惯，那也看不惯，最后往往索性完全由自己代劳，还认为这样反而省事、省时、省心。

孩子在3岁左右，会对自我有一个非常清晰的认识，并且觉得自己很了不起。朵朵在那段时间表现得非常突出。比如，看见我扫地，就要夺过我手中的扫把，嘴里还说：“妈妈，让我来帮你扫吧。”接着一本正经地扫起来。我刚拿起抹布，她又放下扫把，说：“妈妈，来，让我帮你擦桌子吧。”最后地没有扫干净，桌子也没有擦干净。扫把扔在了阳台上，浑身都是湿的。

很多爸爸妈妈会觉得，这孩子不是给家里人添乱吗？德国著名的儿童教育专家舒马赫在对那些不愿为幼童提供尝试机会的爸爸妈妈的心理做分析时指出：首先，有些爸爸妈妈特别是一些年轻母亲，总认定“全面”照顾孩子是自己“义不容辞”的责任，因而事事处处总想“包办代替”。殊不知这么一来反而剥夺了孩子学习的机会，长此下去孩子不仅可能手脚笨拙，而且还可能产生强烈的依赖性，丧失宝贵的自信心，对今后的生活也可能产生负面影响。

德国儿童擅长做家务在西方国家中是出了名的。据悉，有的德国孩子甚至早在咿呀学语时便开始在爸爸妈妈的指导下学做一些最简单的家务活儿，比如，在用餐前帮助大人把餐具摆放端正，尽管有时候仅仅是象征性的，他们干完了大人还得重来一遍。但坚持锻炼下来，德国儿童的动手能力就自然而然地出类拔萃了。其中值得总结的一个重要原因是：德国爸爸妈妈普遍愿意为孩子提供种种尝试的机会，因为他们明白一个浅显的却又被许多人忽视的道理——没有足够的尝试，也就不可能取得最后的成功。遵照客观规律，积极创造条件，让孩子去锻炼，这才是我们应该采取的正确做法。

孩子从不会做到逐渐学会做，从做得不像样到像模像样，是必然的规律，也是必经的过程。因此爸爸妈妈应多给孩子创造锻炼的机会，放手让孩子去做，不要怕孩子做不好，不要心急，也不能求全责备，更不能包办代替，要有意识地培养和锻炼孩子的动手能力。同时，还要让他们学会生活中必需的求助。比如，家里突然停电了，电话不通了，水管停水了，外出迷路了……爸爸妈妈可借此帮助孩子学会求助，知道应当求助于哪些人，用什么方法求助。对于孩子独立做的事，只要是付出了努力，结果无论怎样都要给予认可和赞许，使孩子产生信心。让孩子感觉到“我行”。这种感觉很重要，它是孩子独立性得以发展的动力。

妈妈有话说

过多的爱和保护，会给孩子的成长造成障碍，而放开手有时候也是一种爱。孩子的成长需要爸爸妈妈全身心地投入，但必须是适当地介入。当孩子需要空间和自由时，爸爸妈妈要勇敢地放手，相信孩子。

专家方案

给孩子尝试的机会，孩子才能够获得更多的人生经验，当孩子提出要自己来的时候，爸爸妈妈要尽量满足孩子的要求，如果实在不行，可以给予一定的帮助，孩子会从中获得自信，有利于形成良好的自我评价。

不听话的孩子并不一定就不好

几乎所有的爸爸妈妈都盼望孩子听话、乖巧，可是随着孩子逐渐长大，你会发现他们越来越不听话了。甚至有的孩子还会故意和爸爸妈妈作对，这样的孩子就真的是“坏孩子”吗？

在朵朵2岁多的时候，她越来越不“听话”了，常常把“不”挂在嘴边。吃饭时间，我叫：“朵朵，来吃饭了。”她说：“不吃！”洗澡时间，我跟她说：“朵朵，该洗澡了。”她回答：“不洗！”早上起床，我说：“朵朵，去刷牙洗脸。”她就说：“不刷！”

育儿专家告诉我，孩子经常说“不”，是希望对周围产生影响。随着孩子能力的增长，也让他急于向别人表现：“我长大了，我要自己做主。”于是孩子常常对爸爸妈妈说“不”，然后按自己的意愿行动。

如果孩子出现这样的“反抗”，首先要让孩子与自己站在平等的位置上，把孩子当作一个小大人，用商量代替命令与强制。例如，在让孩子吃饭时，爸爸妈妈可以问问孩子为什么不来吃饭，是因为孩子手上的事还没做完，还是别的原因。如果理由正当，可以把吃饭的时间往后拖一拖。或者爸爸妈妈可以把好吃的菜名一一报出，或让孩子闻到饭菜的香味，吸引孩子过来吃饭。

一天早上，朵朵看见我为她准备的衣服有点儿不高兴了，她说不想穿这件衣服，还想穿昨天那身。可是头天的那件衣服，已经很脏了，我已经帮她洗了，但是还没有干透。于是我就跟她商量说，我说：“朵朵，那件衣服妈妈给你洗了，可是还没干，如果你穿上的话会很难受。”朵朵不听，非要穿上那件还潮湿的衣服。没办法，我只好给她换了。并且对她说：“好吧，朵朵你有选择穿什么衣服的权利。”只是，我悄悄把脱下来的那件也带了去。路上，我知道她不舒服，于是跟她说：“今天有点儿凉啊，朵朵穿着湿衣服肯定不舒服，来，妈妈给换过来吧。”朵朵一直绷着的小脸不好意思地挤出一个笑来，说：“妈妈，穿湿衣服真难受。”我笑笑说：“是啊，我以前也穿过潮湿的衣服，的确不舒服。而且穿着潮湿的衣服去上学，朵朵会生病的。”我没有跟她说：“看，妈妈说得对不对？”因为我觉得孩子不一定什么都要听爸爸妈妈的，即便我们是对的，即便我们是对他们好，他们也应该有自己做主的权利。如果我跟她说：“瞧，还是妈妈说得对吧。”无疑是对她自己选择的否认。时间长了，对孩子独立思维的培养非常不利。

著名的德国心理学家海查曾做过如下实验：他对 2~5 岁时有强烈反抗倾向的 100 名儿童与没有这种倾向的 100 名儿童跟踪观察到青年期。结果发现，前者有 84%的人意志坚强，有主见，有独立分析、判断事物和作出决定的能力；而后者仅有 26%的人意志坚强，其余的人遇事不能做决定，不能独立承担责任。西方教育界认为应该允许孩子“固执”“不听话”，因为那里面可能有创造和执着，所以，只要是能让朵朵自己做主的事情，我都会尊重她的意见。

很多爸爸妈妈觉得自己做什么事情都是为了孩子好，所以有时候即使不考虑孩子的意见也做得理直气壮，但是他们却忽略了孩子的自主权，孩子情感和行为的独立是孩子长大、成熟的标志，并不意味着孩子与你作对，非要不听你的话。所以我们要允许孩子有自己的选择，锻炼孩子自主选择的能力，不要从小就要求孩子长大后实现大人未完成的心愿。

不管孩子多小，爸爸妈妈都要尊重孩子，把孩子看作独立的个体，不要把孩子看作控制的对象，要允许孩子与成人有不同的意见，允许孩子与爸爸妈妈争论，允许孩子在探索的过程中犯错，帮助孩子矫正错误。还要让孩子参与家庭的重大事情决策，这是对孩子价值的认可，孩子会觉得你尊重他的存在，那么，他也会重视爸爸妈妈的建议，久而久之，孩子就会凡事与爸爸妈妈沟通，充分与爸爸妈妈合作。

容忍孩子的“不听话”可以保护孩子的想象力，激发孩子的创造力。允许孩子“不听话”指的主要是思维上的“不听话”，孩子们看到的世界是独特的，他们的想象力是很丰富的，如果我们用成人的思维方式对他们粗暴地干涉，就会扼杀他们的想象力和创造力。

下雨的时候，朵朵和其他孩子一样想到外面去撒欢。只要雨不是太大，我就会满足她的要求，并且和她一起去玩一会儿。我给她穿上雨衣、雨鞋，她会快乐地张开小手，感受雨滴落在身上的感觉。下完雨我还会带她到处走走，到小水坑里踩踩水。每次朵朵都玩得很疯。

记得有一年夏天，在朵朵姥姥家住。一场大雨后，村庄变得清澈透亮，到处都是小水坑。我便带着侄子和朵朵一起到外面去玩，我给他们穿上雨鞋，然后带着他们去踩水。我的小侄子6岁，一开始他听我说要带他们一起踩水花，还以为我逗他玩呢。他一本正经地说：“我妈妈从来都不让我踩水。”我说：“你妈妈平时不让你踩水是怕你弄脏鞋子，可是现在你们已经穿上雨鞋了啊。”小侄子一听，看了看脚上的雨鞋，乐坏了，拉起妹妹就往外走。

美国总统尼克松写了一本书《领袖们》，他说，中国的教育制度可以为群众提供很好的教育，但却失去了中国的达尔文和爱因斯坦。因为中国的教育制度过分强调每个人要样样都好，样样搞统一，把孩子们从小训练得十分驯服，不允许有独立见解，更不允许有离经叛道，这样只能培养出守业型人才。所以，提醒爸爸妈妈，要培养创造型的孩子，就不要对孩子求全责备，不要用传统的观点把孩子训成“小老头”。

“听话是优点，太听话是缺点”，孩子只有敢想、敢说、敢做才能有创造力，如果把孩子管束得太严格，孩子渐渐变得胆小怕事，凡事不敢自己做主，又何来的创造性思维呢？对孩子的教育要做到让孩子自己做主的同时，学会自我控制。爸爸妈妈要帮助孩子建立“是非”观念，让孩子明白什么是可以做的，什么是不可以做的，在孩子脑子里逐渐建立一个行为判断标准，孩子按照这个标准，才能认识到自己的行为是否正确，才能学会控制自我。而对于那些天生文静、听话、乖巧的孩子，也要允许他的个性存在，不要强求改变他。特别是在孩子刚开始学习生活本领时，确实需要大人的照顾和帮助，爸爸妈妈一定要及时帮他们解决问题，不能只考虑为了锻炼孩子，而不顾及他们现有能力而让他们自己去做，长此以往又会使孩子形成焦虑型人格。

随着孩子年龄的增长，爸爸妈妈可以有意识地通过环境影响孩子，使之成为一个既懂事又有独立性的孩子。这种理想的状态需要长时间的培养，急不得，也急不来。建议用鼓励小孩“能干”代替“听话”。为表现出“能干”，他们一定会“干”，在过程中不断开发自己的思维，也不断地表现出“能”而保持学习和创新的兴趣。

妈妈有话说

当孩子不听话的时候，爸爸妈妈试着深呼吸一下，千万不要不顾一切地冲着孩子大喊一通。如果那样，你会发现那样做会让事情变得更加糟糕。始终要保持冷静，静静等待孩子情绪平复，然后再给他讲道理。“听话是优点，太听话是缺点”。爸爸妈妈要允许孩子适当地“不听话”。

专家方案

作为爸爸妈妈，不但不能让孩子太听话，还要主动培养孩子的独立自主意识和行为，让孩子学会自己的事情自己解决，自己的事情自己负责。这些对孩子的人生都将产生很重要的影响。

让宝宝自己玩一会儿

朵朵满月后就可以和我互动了，我跟她说一句话，她也会啊呜啊呜地回应我。但是更多的时候，她都是自己躺在床上玩。朵朵总是乐此不疲、反复探索自己的手、脚。一双手、一双脚能让她玩很长时间！

有些爸爸妈妈在孩子一睁开眼时，就怕他会无聊，立刻往孩子手里塞个玩具，转开他头上的旋转吊饰，或放音乐给他听，想用外在的物质去娱乐或教育孩子。其实婴儿天生具有娱乐自己的能力，如果从婴儿时期就这样做，反而容易让孩子认定自己需要外在的物质来照顾自己。过多的“指导”会让孩子逐渐丧失自主判断能力，对别人产生很强的依赖性。最明显的结果就是，孩子长大后不会自己玩，一旦没人陪伴就会觉得无聊，不知道要玩什么，缺乏创造性和自主性。所以，孩子需要充分的时间自己玩耍，这样才能培养孩子的自主能力。遗憾的是，爸爸妈妈往往会想当然地替孩子做主，喜欢在陪孩子玩的时候对孩子指指点点，告诉孩子玩具怎么玩，以至于孩子总是处于被动接受的地位。正确的做法是，让孩子自己玩，自己探索，爸爸妈妈只要做好观察和监护的作用就行了。

朵朵能自己坐着时，我会给她一些玩具，只要不打搅她，她也能玩很久。当然，如果她自己玩得不高兴了，我就会走过去和她一起玩一会儿。1岁后，有一天，我突然发现朵朵在客厅里自言自语，而且好一会儿也没有叫妈妈陪。

走近一看，发现小家伙正一本正经地和毛绒玩具们说着“外星人”的语言。原来是朵朵在享受独自游戏的乐趣，这样的自娱自乐正是孩子独立玩耍的开始。细心的爸爸妈妈会发现，孩子在自己玩的时候也会有探索、想象和思考，这些无疑对孩子的成长是非常重要的。

爸爸妈妈应该从小就给孩子提供自己玩的空间和时间。在孩子很小的时候，爸爸妈妈就应该给孩子提供一个安全、卫生的场地和适合孩子的玩具。孩子几个月大的时候，可以给他一个柔软的垫子；稍大一点儿时，可以给他一个两平方米大小的封闭空间，铺上毯子让孩子爬行。如果孩子喜欢坐在地板上玩，爸爸妈妈就要先清洗一下地板，检查地板上和角落里是否遗留小硬物或有尖角的小物件。需要特别注意的是，墙上的电源插座孔要遮盖好。场地不宜超出爸爸妈妈的可视范围，以确保孩子独自玩耍的安全。一定要收拾好危险物品和易碎品，收拾好硬币、药品、纽扣等孩子能吞咽下去的物品。孩子刚开始独自做游戏的时候，爸爸妈妈还要暗中保护，让孩子在安全、舒适的环境下充分体验独自游戏的乐趣。另外，在孩子自己玩耍时，不必给他太多玩具，四五件就足够了，但要注意时常更换玩具，以免孩子感到厌烦。

为了让朵朵玩得更专注，我们从她一出生就为她准备了一个小小的房间活动区，专门供她玩耍。房间的色彩是米色的，以避免过于鲜艳的色彩分散了她的注意力。房间里为朵朵专门设计了玩具架，上面整齐地放着她喜欢的玩具。另外，朵朵喜欢席地而坐，房间的地面铺上了地毯和垫子。这样朵朵可以在这个房间安静、专心地玩耍，不被打扰也不会影响到其他人。

朵朵从2岁开始，中午就不怎么睡觉了。尽管我使出浑身解数，依然无法让她入睡，大部分时间是我已经睡着了，她又起床自己玩去了。那段时间，由于我是一个人带孩子，所以，我睡着之后，朵朵就自己一个人在床边玩玩具，或者翻看绘本。后来我也就不再哄她睡觉，而是让她自己玩。我发现，她一个人玩得特别好，她会让所有的小汽车排成队，还会把积木排列成一个小花园，更加让我惊奇的是，她居然可以背诵出我给她读过的小故事。

爸爸妈妈还要注意观察孩子喜欢什么游戏、活动，在什么时间玩，什么时间孩子做游戏的注意力最集中，以便为孩子安排独自游戏的时间和内容。另外，还要安排一些孩子和爸爸妈妈共处的时间，这段时间必须保证，不能随意取消。这样，只要爸爸妈妈有固定的时间陪伴，孩子在其他时间就不会要求别人注意他，这些时间最好能安排在每天相同的时刻，以便让孩子养成习惯。

孩子的专注力不是培养出来的，是保护出来的。孩子如果能够独自玩一些没有危险的游戏，爸爸妈妈不应该过多干预，你一喊一叫一插手，自然会影响他的专注力，也会减弱他的探索欲望，而且爸爸妈妈帮忙越多，孩子独立性越差。爸爸妈妈应该管理好自己“教育心切”的心情，做孩子的观察者与协助者。孩子能够独立玩耍的时候，不管他的玩法是否符合爸爸妈妈的满意度，爸爸妈妈都要耐心欣赏；孩子需要一起玩的时候，爸爸妈妈要积极参与；当他有困难向爸爸妈妈提出帮助请求的时候，可以帮助他解决。孩子不喜欢爸爸妈妈扮演“教师”的角色，而是希望爸爸妈妈是观察者、协助者、鼓励者，这样孩子的独立性会得到培养，专注力也会充分发展。所以，当孩子专注地玩的时候，如果爸爸妈妈不去干扰，而是让他专注完整地做完他想做完的事情，孩子就会有持久的专注能力。请保护孩子的专注力，让孩子从容地做完他投入去做的每一项“工作”。

为了保护孩子的专注力，爸爸妈妈可以参考以下的建议：从孩子很小开始，你要学会“等一下”。比如，在孩子睡醒时，别急忙地打开音响；吃饱饭后，别急忙要他找东西玩；到游戏角落时，别急忙问他玩这个或那个好不好；散步时，别急忙地指东指西，要他看这个或看那个。让孩子有时间自己反应此刻他感受到什么，看到什么，听到什么，想到什么，让他成为做决定的人，自己决定要先拿什么玩具；要蹲在哪边看哪颗石头，或只是玩自己的手指头或衣服上的细线……爸爸妈妈的“等一下”，可以带给孩子的是思考的习惯，是感觉的信任，是探索的喜悦，是修正的机会。孩子的创造力即由此而生，能在平凡之中看见新的角度。爸爸妈妈会发现，不需要什么新奇玩具，即使是一个纸盒，都可以让他玩好久。

孩子在 1~2 岁的时候，爸爸妈妈可以为孩子选择一些色彩鲜艳的益智类的玩具，比如，大块的积木、发条玩具、可爱的洋娃娃、仿真厨房用具、彩泥、串珠、简单拼图等；也可以为孩子准备一些容易揉搓和撕扯的纸张、包装纸盒、空塑料瓶之类的物品，在孩子眼里，它们也是可以带来无限乐趣的玩具。

独自玩为孩子开动脑筋、敢想敢做提供了可能，让他能学会独立思考、独立解决问题，从中看到自己的能力，一点点建立起自信。长大后一般能恰当地评价自己，遇到事情拿得起、放得下。所以，爸爸妈妈不妨给孩子规定一段独处时间，让孩子安静下来做自己的事。这段时间可从 5 分钟延长到半小时、1 小时。让孩子独自游戏绝不是对孩子不闻不问，放任不管，而是暗中给孩子以照看和保护。事后爸爸妈妈可不能吝啬对孩子的表扬，孩子受到鼓舞能做得更好。

朵朵和其他孩子一样都有早起的习惯，但是因为她能够自己玩，所以我和朵爸就能够在她醒来后多睡一会儿。而且由于朵朵比较容易专注于游戏或玩具，所以很少打扰我们，也不会缠着我们跟她玩。这让我有了更多自由支配的时间，即使在一个人带孩子的阶段，工作也没有耽误。

很多孩子过了 2 岁之后，就能主动安静下来，因为他对某个东西感兴趣，喜欢研究，就会把全部的激情和力量投入其中。在这个过程中，如果没有人打扰他，兴趣就会保持相当长的时间，并维持一定的强度。如果孩子常常专注地做一件事，这种专注力就会逐渐变成他自身具有的品质。如果孩子在专注时总被打扰，那么孩子的专注力就会慢慢丧失掉。

孩子需要一个适应独自玩耍的过渡阶段。爸爸妈妈可以先给孩子一个平时喜爱的玩具，陪他一起玩。玩着玩着，孩子渐渐投入到玩的状态，爸爸妈妈可以慢慢退出游戏，在一旁观察孩子独自玩耍的表现，然后尝试和孩子保持一定距离，如果孩子还是自己玩得不亦乐乎，可以再一点点拉开距离，但不能突然离开孩子的视线，只有在孩子已经能适应和爸爸妈妈保持较远距离做事情，爸爸妈妈才可以尝试“消失”一小会儿，并根据孩子的反应逐渐延长“消失”的时间。当独自玩耍的孩子呼唤妈妈的时候，不要习惯性地冲到孩子身边，要先和孩子保持一定的可见距离，用温和的语调和孩子进行交流，让孩子有安全感。孩子独自玩的时间，一般 1 岁儿童 30 分钟左右，2 岁儿童 1 小时左右。但在刚开始时，时间可能稍短一些，如 10~15 分钟。

爸爸妈妈要根据孩子的兴趣，不断引导孩子，丰富其独自玩耍的内容。只要孩子有兴趣，就会更加投入地独自玩耍。如果孩子独自玩耍表现得很好，爸爸妈妈应该及时给予表扬，积极肯定，从而强化孩子独自玩耍的意识。让孩子知道，独自游戏是一件快乐的事。

独自玩耍也要看孩子当时的心情和状态。一般孩子在午饭后，或者洗了一个舒服的澡后，心情会比较愉悦，容易进入自娱自乐的状态。相反，当孩子处于饥饿、困乏或生病的时候，则更需要大人的关怀，不愿意自己玩。此外，爸爸妈妈要避免在其疲惫不堪或情绪差的时候让孩子自己玩，更不能强制性地命令孩子独自玩。大人的异常情绪会影响到孩子的心情，孩子独自玩耍能力的强弱和本身的性格也有着一定的联系。如果孩子开始扔玩具或将玩具扔得很乱，这就是玩腻了的表现，可以给孩子换一种玩具或者换一换游戏的场地。

孩子独自玩耍的兴趣不是一两次就能培养出来的，而是一个循序渐进的过程。每次延长一点儿时间，孩子慢慢就会习惯独自玩耍。

妈妈有话说

许多爸爸妈妈都喜欢时刻陪在孩子身边，孩子玩的时候，喜欢在一旁指手画脚，一有错误立刻指正，孩子根本就没有办法专注地去做一件事情，更不要说深入思考一些问题了。由于爸爸妈妈的提醒，孩子还失去了许多体验失败的经验，思维也会逐渐产生依赖性。

专家方案

很多爸爸妈妈觉得让孩子自己玩是浪费时间，而只有将各种认知灌输给孩子才是早期教育最重要的。实际上，这种做法恰恰扼杀了孩子的创造性思维。只有让孩子有一定的自主、自由的空间，孩子才能有独立解决问题的机会和能力，其创造力才会发育得更好。

让孩子随意涂鸦

很多两三岁的孩子喜欢拿支笔乱涂乱画，家里到处都会留下他们的杰作。虽然妈妈打扫起来会很辛苦，但涂鸦能给孩子带来很多的快乐。孩子在涂鸦的过程中，双手的使用和色彩的刺激，都有利于孩子创造性思维的发展。所以，孩子爱涂鸦，不但不应该制止，反而应该支持。

在了解了涂鸦对孩子的好处以后，所有的爸爸妈妈都不会再因为要帮孩子“收拾残局”，而对孩子的涂鸦抱有怀疑的态度，那么，作为爸爸妈妈应该怎样鼓励和帮助孩子快乐地涂鸦呢？

朵朵特别小的时候，我喜欢把颜料稀释一下，然后让她用小手蘸着颜料在纸上拍手印。我发现朵朵很喜欢这种绘画方式，后来我就教给她用手指点画、勾勒。我常常准备几种颜料，在地板上铺上一张大白纸，然后告诉朵朵我们要画一幅很漂亮的画。在“画画”之前我会给朵朵穿上防水罩衣，这样就不会把颜料弄到衣服上了。每次把调好的颜料放到她面前，她都会迫不及待地想要“创作一番”。这个时候，我会耐心地让她等待一下，告诉她先做什么，后做什么，准备就绪后我就会和她一起尽情地在纸上涂抹。最后，我指着朵朵画的手指画问：“这画的是什么啊？”

朵朵说：“是花！”

“哦，真的呢！朵朵真棒。”

就这样，朵朵爱上了涂鸦。涂鸦也成了我和朵朵最喜欢的游戏。

朵朵1岁半的时候，已经能够较好地握住手中的彩笔了，这时候我常常握着她的手在纸上画几个线条。朵朵发现这个神奇的游戏后，就用小手握着笔不放。她尤其喜欢红色和绿色，喜欢用它们画各种线条。尽管朵朵握笔的姿势有些怪异，并且画得也很幼稚，甚至让人不忍卒睹，但这个随意涂鸦的过程带给朵朵前所未有的快乐与自信。

对孩子来说，涂鸦更多是一种游戏，所以孩子才会乐此不疲。涂鸦是多种能力的综合表现，对发展孩子的观察力、想象力和创造力，培养其眼、脑、手配合活动和形象思维的习惯，都很有好处。

在朵朵的眼里无论是宽阔雪白的墙壁还是妈妈雪白的衬衫，一切的一切都是她涂鸦的材质。为了让朵朵自由地涂鸦，又不至于将家里的墙面弄得太狼狈，后来我为朵朵准备了一块大白板，放在她够得着的高度。我教给她怎样把画的东西擦干净，然后接着画。这同样让她感到很新奇。

朵朵在涂鸦的时候，我们总是在一旁观察，即使加入进去，也是各玩各的。当然，在朵朵告诉我，她不会画什么的时候，我会巧妙地引导她。要知道，过分干涉或是拒绝参与都会减少孩子对涂鸦游戏的乐趣。

每次朵朵画完后，我会用自己的理解讲一讲她的画，再根据故事的情节让朵朵在原有的画面上添加一些新的东西，以激发她涂鸦的创意和想象。如果想要给予孩子指导，要特别注意方式和方法，既不伤害孩子的自尊，挫伤孩子的积极性，同时也要将你表达的想法明明白白地告诉孩子："你画的小猫很不错，你看妈妈画一只，妈妈会这么画。快看，小猫在咬自己的尾巴，爸爸妈妈为什么要让小猫咬自己的尾巴呢？"如果孩子给予回应，爸爸妈妈就可以引导他按照你的方式往下进行；如果孩子没有回应，不要管他，继续自言自语："它可能饿了吧。谁来给它画条小鱼呀？"这时候孩子就会急不可待地抢过给小猫画小鱼的工作，继续这项有趣的游戏了。

1岁左右的孩子，由于肌肉控制能力比较弱，还不太会控制自己的小手，涂鸦对他们来说是一件难度很大的事情。一般到1岁半左右，孩子开始对涂鸦产生兴趣。刚开始涂鸦时，孩子只能在白纸上敲敲点点，画出一些不规则的小点。

随着孩子小肌肉控制能力增强，2岁左右开始非常自信地大胆涂鸦，能在白纸上画出一些小点儿的同时，开始画出一些不太规则的歪歪扭扭的线段。这是开发孩子创造力的大好时机，不管他画出来实际像什么，他都可能在向他人描述时说出一些令人惊诧的答案。

到了3岁，孩子开始出现有意造型倾向，开始尝试画出圆圈。一开始，孩子画的圆圈首尾不相连，与圆的概念可说是大相径庭。画圆对成人来说是一件十分简单的事情，但对孩子来说，这是个非常了不起的飞跃性发展。因此，爸爸妈妈在孩子很长时间都无法画出一个像样的圆圈的时候，一定不能操之过急。

每个孩子都喜欢涂鸦，但是涂鸦不一定要当美术家。所以，爸爸妈妈不要过分功利化地看待孩子的涂鸦，而要在孩子涂鸦的过程中随时引导，挖掘他涂鸦过程中一些另外的收获。比如，看到孩子画了一个圆圈，可以这样描述："哦，你看，太阳出来了，好温暖啊！"看到孩子画了一条弯弯扭扭的线，可以说："哟，你看，小虫子也出来晒太阳了。"看到孩子在纸上戳出一些点儿，可以说："快看，太阳还没下班，星星就出来眨眼睛了。"这样，涂鸦就成为了一项诱导孩子开展想象力之旅的游戏。随着孩子年龄的增长，爸爸妈妈可以在孩子涂鸦的时候，鼓励他用自己的话描述他的图画。即便孩子将来不可能成为画家、美术家，至少，他也会成为一个有着丰富想象力与创造力的开拓者。

爸爸妈妈还可以为孩子购买一些彩色的细沙或者粉末，也可以用面粉、玉米粉、绿豆粉、黑豆粉等代替。将一张纸卷成漏斗形状，用剪刀剪去尖端，做成小漏斗笔，让孩子用这支特殊的绘画笔涂鸦，孩子就能制作出非常具有立体感的"图画"。将这些粉调成糊状，孩子又能体验另一种涂鸦状态。在布料上洒上水，或者涂上厚厚的胶水，这样的涂鸦，孩子一定会发现很多从来想象不到的乐趣。

有一次，朵朵的果汁没有喝完，我突发奇想，让朵朵用手指蘸着果汁在白纸上涂鸦，画完后，我将“果汁画”拿到户外蚂蚁洞旁边，不一会儿，画过的地方爬上了很多的蚂蚁，这幅由蚂蚁组成的图案，让朵朵惊奇不已。

夏天去海边软软的沙滩，用手指、手掌、小脚丫作为画笔，来一场涂鸦的游戏。冬天在绵软的雪地上用手掌、小脚印压出一些充满童趣的图画，或者用洒水壶在雪地上洒出一些图案……这一切都会让孩子感觉其乐无穷。

涂鸦对孩子来说有着非凡的意义，在涂鸦的过程中，孩子用稚嫩的笔触全面而真切地反映了他的内心世界以及他观察事物、了解事物，探索世界奥秘的过程，为更好地认识世界打开了一扇透亮的窗。因此，尽管让孩子按照他自己的想法去涂涂画画好了，没有必要一定要教给他正确的画法，或者非要他遵照爸爸妈妈的意愿来布局、着色，表达某些情节或者故事。如果一定要功利地看待某项活动，爸爸妈妈不仅不能如愿，相反还可能给孩子带来一些不必要的心理压力，让活动本身变得了无情趣，甚至可能带给孩子很多意想不到的问题，严重的还可能挫伤孩子的自信心，导致孩子将来产生厌学心理。

因此，当孩子拿起画笔，爸爸妈妈没有必要期望他在画面上写实地描绘某个物体、某个人、某个小动物，甚至期望他能比较完整地表达一个故事或某段情节，而在孩子涂鸦的时候，总在批评孩子这里画得不像，那里画得不成比例或者多了什么少了什么。孩子在这种“指导”下，要么对涂鸦了无兴趣，要么逐渐变成了一架照相机或复印机，机械地反映着周围的一切。

一次，朵朵从彩笔盒里找出一支黑笔，在爸爸给的白纸上涂抹起来。她横一道，竖一道，再转上几个圈，很快，一张白纸被涂得漆黑一团。没有人能够看明白朵朵究竟画了些什么。面对朵朵那令人费解的作品，我蹲下身子，用温柔而诚恳的语气询问朵朵：“哦，朵朵，你画的什么呀？”朵朵歪着小脑袋想了想，然后用小手指着白纸上那漆黑黑的笔道一本正经地解释："这是一片大森林，森林里住着小白兔、小梅花鹿、小松鼠、小孔雀，还有好多好多小动物。可是，天黑了，小动物们都睡着了。"

涂鸦也是孩子内心世界最真实的流露。当孩子渐渐有了自我意识，会通过画画来宣泄自己的情绪，表达对身边事物的理解和看法，爸爸妈妈可以通过涂鸦来与孩子沟通，以此了解孩子的内心世界。

每一个孩子都是天生的艺术家，在孩子的涂鸦世界里，爸爸妈妈能够看到很多美好的事物，而这些都来源于孩子对世界的理解。因为喜欢涂鸦，孩子会有意识地留意身边美好的事物，并且要想办法通过自己的涂鸦表现出来。在这个过程当中，孩子的审美意识也会得到强化。

妈妈有话说

很多爸爸妈妈都会担心家里雪白的墙壁被孩子乱涂乱画，然而却忽视了涂鸦带给孩子的好处。其实我们完全可以想出各种方法，让孩子可以尽情地涂画。孩子的成长只有一次，不要等看到别的孩子的涂鸦作品多么感动时，才想起自己的孩子也曾经试图在墙壁上"创作"一幅杰作。

专家方案

在孩子对涂鸦感兴趣的阶段，爸爸妈妈可以创造各种方式，让孩子感受美术的魅力。当然，这个时候，爸爸妈妈不要因此就想到孩子长大了要做画家、美术家。这只是锻炼孩子思维的媒介，并且借助涂鸦这一活动，还可以让孩子认识各种事物的特征，提高孩子的审美意识。

第五章

提高肢体协调智能，让宝宝的身体更灵巧

生命在于运动，这句话用在孩子身上是最恰当不过的。孩子从一出生开始，除了睡觉和吃饭就是不停地运动。

运动是孩子成长的内在需要，通过运动，孩子的身体机能得到提高，身体协调性趋于完善，大脑得到锻炼。

爸爸妈妈给孩子提供一个活动的空间，这个空间不仅仅是现实的环境，还包括心理的空间，不被打扰、不被呵斥、不被拒绝，可以自由自在地玩的空间。

做个小小攀爬者

爬，在爸爸妈妈看来是再简单不过的运动，无须特别训练。但事实上，对肢体柔弱的小孩子来说，要想爬得好、爬得快，不仅要从小锻炼他的肌肉力量，还必须把握好爬行关键期。不少爸爸妈妈觉得爬是与生俱来的，孩子长到一定年龄就会爬了，根本不需要训练。其实，爬是需要练习的。

爬行能锻炼孩子全身大肌肉活动的力量，尤其是四肢活动的协调性和灵活性，是一种综合性的强体健身活动。由于爬行需要大脑、小脑之间的密切配合，多爬能够丰富大脑、小脑之间的神经联系，促进脑的生长。爬行使婴儿开始主动移动自己的身体，开阔眼界，增长见识，促进其认知能力的发展。多爬能增进亲子间的交流，并促进孩子语言的发展。爬给孩子带来了许多意想不到的乐趣，而“摸爬滚打”，也锻炼了孩子的意志和胆量，有利于孩子的个性培养。

爬使孩子空间位置移动，扩大了他接触和探索范围，增加了认识新事物的机会，在一定程度上有助于大脑智力发育。如果孩子没学过爬，身体协调性等方面就可能比其他孩子差一些。

爬行能力发展一般分为三个阶段：第一阶段是抵足爬行：6~8 月，这个阶段，为了让孩子有爬的意识，爸爸妈妈要用手抵住孩子两只小脚，使腿呈蛙形，他就会趁势以腹部为支点向前爬行。这是新生儿就有的能力；第二阶段是手膝爬行：8~12个月，孩子能够用手和膝盖支撑身体爬行；第三个阶段是手足爬行：1岁左右，孩子能够用两手和两脚掌支撑身体，向前爬行。

孩子一旦会翻身，就可以让孩子练习爬，可以在他头顶上方放一个色彩鲜艳或他喜欢的玩具，让他必须抬头才能看得到，并逐渐提高玩具的高度，以训练他的上臂支撑和抬头动作，从而增加上肢、颈部肌肉力量。

还可以让孩子趴在枕头上，两手平放，爸爸妈妈在他上方发出声音吸引他支撑起上臂，抬头搜寻；当孩子习惯以后，再换上小一点儿的枕头，以让孩子更多地用自己的力量撑臂抬头。

通常，孩子八九个月大时，上肢力量也足以支撑身体向前爬，这就到了教孩子学爬的关键期。这时，先给孩子找一个空旷、安全地带，让他趴着，肚子贴地；然后在他面前放个喜欢的玩具，逗引他有抬头、屈肘向前爬的意识。刚开始，玩具不要放得离孩子太远，让他稍微向前移动身体就能得到，并及时称赞他爬得棒，以增强他爬的成就感和自信。

最初锻炼的时候，孩子很可能是腹爬，或者只是双腿用力一蹬，往上蹿。等渐渐熟练腹爬以后，随着上肢力量不断增强，就让他练习腹部抬高、四肢着地的“跪地”爬行动作。爸爸妈妈可以用双手手掌抵住孩子的小脚掌，当孩子左手向前时，就用力推动孩子的右脚前行。

朵朵在练习爬行的时候，总是往后退或在原地打转，这个时候，我和朵爸就会有一人在其身后用手顶住她的脚，另一人在前面逗引她朝前；还有些孩子因长得太胖或上肢力量不足很难支撑住身体，爸爸妈妈不妨用宽围巾托住他的胸腹部，让胸腹部离开地面，而四肢着地，再推他的脚或用玩具在前引逗。有时候，朵朵的情绪不太好，不愿意爬，这时候我们就会先让她玩一会儿别的，等她情绪变好后再练习。

当孩子会手膝爬行后，就可以做爬行游戏了。我记忆非常深刻的是朵爸为朵朵设计的攀高越障碍游戏。

有一天，朵爸说："我们和朵朵一起做游戏吧！"朵朵听了高兴地直叫："做游戏，做游戏。"朵爸把客厅的东西收了收，沙发前面空出一大片地方，铺上泡沫垫子，沙发前放一个小小的塑料凳子，在沙发上重叠着放了好两个结实的靠垫。一切准备就绪，朵爸对朵朵说："朵朵，这是一座小山，你要爬上去。"朵朵看了看"山"，转过头来看看我，说："妈妈，爬山。"我告诉她不是妈妈爬"山"，而是朵朵爬"山"。

我把朵朵放在沙发前的小塑料凳子前，让她爬上去，这个小小的塑料凳子平时就是让她坐的，所以对她说一点儿问题也没有，朵朵轻轻松松就爬了上去。朵爸站在沙发后面，拍着手对朵朵说："朵朵，爬到沙发上来，爬到爸爸前面来。"朵朵扶着沙发，可能是担心塑料凳子会倒，还回头看了看，身体往前探，左腿屈着，右腿往上迈，一用力她就爬到沙发上了。

朵朵坐在沙发上，看着自己是没有让爸爸妈妈帮忙就上来了，高兴地呵呵直乐。朵爸拍了拍靠垫，说："朵朵再爬到这上面来，爬上来就是个勇敢的好孩子。"朵朵看着软软的靠垫，有点儿不愿意了，坐在那里不动。我看着她有点儿害怕，于是一只手按着靠垫的一边，另一只手拍了拍靠垫，说："朵朵不怕，妈妈在这里帮你。"朵朵看着我，求助地喊："妈妈，不爬。"我和朵爸都鼓励她说："朵朵不怕，爸爸妈妈保护你。"在我们的加油声中朵朵勇敢地向靠垫爬了过去，因为是我按着靠垫的，两个靠垫虽然高了一点点，但是相对很结实和安全，朵朵没有几下就爬了上去。

朵朵后来经常爬"山"，她的肢体协调能力增长了不少，没有多长时间她就可以独自一人走路了。

孩子的攀爬能力一般很容易被大人忽视，其实，攀爬是几乎所有孩子在婴幼儿阶段都十分喜欢的运动方式。大人们可以看到，对于 3 岁前的孩子，如果附近有阶梯，孩子会毫不犹豫地沿着阶梯向上爬。在屋子里或家里的时候，孩子总喜欢往椅子、沙发背、柜顶或者窗台上爬。不要认为这些行为和举动是孩子们太顽皮，其实这正是1~3岁孩子们的共有特点。

练习攀爬，有利于孩子建立立体空间概念和高度概念，培养良好的平衡感，还能增强上臂和腿部肌肉的力量，让孩子在攀爬中学会如何避免危险的本领。给孩子准备一个空敞的地方，放些障碍物，让他在上面爬，并学习如何绕过这些障碍。

假如孩子身体各个部位协调不好，就很难做好一件事，他的活动能力就会很差，不可能健康成长。我和朵朵在小公园看到一个小男孩因为不会双脚跳而不停地练习，他妈妈说要还是这样，以后上小学就会出问题。孩子的肢体协调能力不是天生的，需要爸爸妈妈找到适合孩子的方法，像我和朵爸这样让孩子爬“山”，做个小小攀爬者就是方法之一。

当然，攀爬也有危险，故而也应做好保护工作，但不要因为怕危险而禁止孩子攀爬，虽然那样孩子可能得到暂时的安全，但他们从事运动的意愿、练习技能的热情、探索环境的欲望、学习新事物的兴趣也会受到压抑和限制。而且，由于缺少攀爬训练的孩子往往运动协调能力也要差一些，与其他的小伙伴一起玩耍时，便会产生技不如人的感觉，从而容易产生自卑感，将来在社会交往上也会表现得缩手缩脚。所以，爸爸妈妈要注意孩子攀爬能力的训练。

运动是大脑成熟的催化剂，是孩子智慧之舟的领航员，也是孩子健康快乐的源泉。正是婴儿时期的不断运动锻炼，才使人脑各有关部位的神经联系更加丰富、更加精确，从而使孩子运动的准确性、灵活性、平衡性不断提高。运动不仅是对孩子体质与体能的锻炼，而且有利于良好个性的培养。无论是“摸爬滚打”，还是走跑跳攀，都是对孩子的体能、毅力、胆量、自信和自控能力的考验。而有趣的体育游戏，可为独生子女们提供与同伴交往的机会，促进孩子的社会性发展。

如果孩子自始至终都不愿爬，或者还没有经历爬的过程就会走了，对于这样的孩子，很多爸爸妈妈担心出现感统失调等问题，特别想知道补救办法。这时可以多让孩子参加一些锻炼手眼、四肢协调的活动，比如，海洋球池、钻滚筒等都能训练孩子的协调能力；在成人看护下，走独木桥、跷跷板，能增强平衡能力；练习串珠子、垒积木，能锻炼精细动作和手眼协调能力等。

妈妈有话说

爬行对于孩子有着非常重要的意义，尤其是对于剖宫产的婴儿，更是非常重要。进行过爬行锻炼的孩子，身体协调性会更好。对孩子的右脑开发具有非常积极的意义。

专家方案

不要以为婴儿就不需要锻炼，在孩子出生后，就可以根据孩子的年龄制订适合的锻炼计划。让孩子学习爬行也可以提前做好准备，让孩子具有爬的能力。还要注意爬行的时间，既不能太短，这样起不到锻炼的作用；也不可以太长，那样孩子会产生厌恶感而拒绝爬行。有条件的话，爸爸妈妈可以让孩子裸着身子爬一爬，这样锻炼效果会更好。

让孩子健步如飞

孩子学会走路，是件让人既兴奋又骄傲的事。学会走路，意味着孩子脱离了几乎完全依赖于爸爸妈妈的时期。每一个孩子在学会走路时，就像一扇大门在他们面前敞开了，他们可以独立地去探寻这神秘的世界。自由地行走，为孩子带来了新的人生，爸爸妈妈可要用心引导！

3个月时孩子学会抬头，出现了颈曲，加强了颈部肌肉的力量。6个月时学会双手支撑，加强了臂部肌肉力量，又学会坐，出现了胸曲。7~9个月时学会爬行，加强了腹部肌肉的力量。12个月时会站，会扶走或独走，出现了腰曲，加强了腿部肌肉的力量。脊椎的颈曲、胸曲和腰曲的形成，有利于身体保持平衡，走路和活动时可减少对脑部的震动。颈、臂、腿部肌肉的加强，又能支撑身体各个部位；而腹部肌肉处在承上启下的位置，发挥平衡和协调的作用。

孩子学步，首先要训练孩子的平衡能力。8~10个月的孩子是学步前的关键时期，爸爸妈妈要有意识地训练孩子。在围栏上方挂满他爱玩的玩具，孩子会为了抓取玩具而扶着栏杆站起来，而且还会挪动脚步。经过多次锻炼，孩子会慢慢站稳。10个月后，在站立的基础上，训练孩子向前迈步。用双手扶着孩子的腋下，让孩子走；等他站稳，能够较稳地步行时，再试着慢慢地放开手，让孩子自己走。如果不放心，爸爸妈妈可以用一根很粗的带子缠在孩子的腋下，牵拉着带子，以防孩子摔倒。

朵朵学会走路后，我发现她有点儿走不稳，总是跌跌撞撞的。于是我为她设计了几个游戏。朵爸每天陪着孩子一起练习金鸡独立，一块儿数“一、二、三”，看谁单脚站得最久，这是锻炼大脑前庭系统平衡能力的好方法，可以避免走路时摔跤。

我们还会和朵朵一块玩扔沙包、小皮球等游戏，经常练习投掷，能让手、脚、脑的协调受到训练，对提高孩子运动神经的灵巧性及平衡能力大有裨益。在屋里的地板上或者床上，我经常和朵朵一块儿进行滚翻蹦跳，不仅使孩子尝到玩耍的乐趣，而且使孩子双脚的弹跳能力及平衡能力更具灵巧性。有一次坐在公园软软的草地上，朵朵居然自己把头低下来，做出要翻跟头的样子，我发现后，高兴地鼓励她勇敢一些，后来我和朵爸也经常和朵朵一起在草地上打滚。

独走自如就是不仅能走得稳，而且能完成一些较难的动作技能。例如，不仅能往前走，也会倒着走，侧着身子走，转弯走，跨过障碍物走；不仅能在平地上走，还能走斜坡，走马路沿（高出地面，像平衡木）；不仅能在较宽的地方走，也能走用“羊肠小道”，还能踮着脚尖走，踩着动物“脚印”或在砖头上走等。而这些，都是锻炼孩子能独走自如的游戏。为了保持孩子的兴趣，爸爸妈妈要借助一些玩具，比如，推着四轮车往前走，拉“拖拉鸭”退着走等。需要注意的是，在孩子开始学走路时，尽量让他少摔跤，很多孩子都是因为一次摔跤摔得太严重，而很长时间不敢自己走路了。不过，小小的摔跤是没有问题的，那只会让他变得更坚强。

孩子学会走路，并且行走自如后，就可以让孩子学跑了。

朵朵1岁半的时候，有一次看到别的小朋友在前面跑，就着急地往前走，当她行走加快时，就开始跑了。开始时她还跑不稳，不会自动停下来，2岁时，她就可以连续平衡地跑5米~6米了。为了让朵朵练习自己跑步，并且收放自如。我首先牵着她的手跑：我和朵朵面对着面，牵着她的两只手，然后向后慢慢地退着跑；跑出几步后，就由两只手牵着换为只牵着她的一只手退着跑；最后让朵朵超过我，我从侧面牵着她的一只手。我并没有太用力握朵朵的手，而是尽量让她自己掌握平衡。后来，我就不再牵着她的手了，而是在朵朵向前跑的时候，在她前方半米远退着慢跑，这主要是为了避免她头重脚轻，前倾时摔倒。

学会跑，还要学会自动放慢脚步平稳地停下来。我在朵朵跑时经常用口令“一、二、三、停”，使她学会渐渐将步子放慢而平稳地停下来。一般“一”字出口后，朵朵的脚步就开始放慢了。

有的孩子走路，平衡性不好，所以在教孩子走路的时候，要把握孩子的走路节奏。可以由大人数着口令让孩子按照口令踏步。或者爸爸妈妈在前面按照节奏走路，孩子在后面亦步亦趋地跟着。每天固定练习几次，每次大约半小时，孩子就能形成很好的走路节奏。还可以让孩子练习走直线。爸爸妈妈先用粉笔在地上画两条线，相隔约 30 厘米，形成一条直道。爸爸妈妈先让孩子跟在大人身后，牵着孩子的手带着孩子走一次。接着，再让孩子自己单独走一次。走的时候，告诉孩子：“眼睛看前面，不能踩在线上。”游戏中，大人要注意孩子的安全，不要让孩子因为心急走路而摔倒，这会打击孩子的积极性。爸爸妈妈可以将这种练习方法变成一种游戏，如果孩子能够走完整条直线框，爸爸妈妈就应该给孩子适当的夸奖和奖励。

其实走直线这个游戏并不完全限定在家里，平日带孩子上街时可以拉着孩子的手，让孩子沿着人行道的一条直线走，还可以在公园里用粉笔画一条直线让孩子沿着直线走。在外面玩这个游戏的时候一定要注意安全，不能因为专心玩游戏而发生危险。

爸爸妈妈可以找安全的低平衡木，向孩子示范怎么走过去，然后抓住孩子的手，让他在平衡木上试着慢慢走。如果孩子不太愿意，可以在平衡木的另一头放上玩具，鼓励“小体操家”走过去，将玩具取回。平衡木和矮墙对好奇的孩子是不可抗拒的挑战。孩子通过这个游戏，可以提高平衡能力，同时还发展了重要的脚跟协调能力，这个能力对他以后跑、蹦、跳起着重要的作用。

当爸爸妈妈带着孩子一块散步时，可以让孩子单足站稳，然后练习单足跳跃，一手扶着他保持身体平衡，待孩子熟练之后渐渐离开孩子，让他单足跳跃。单足跳跃主要是学习保持身体平衡，促进孩子大动作能力的发展。

还记得踩着石头过河的感觉吗？要小心翼翼地保持身体平衡。踩石头是锻炼儿童平衡协调能力的好办法。准备好彩纸，剪成圆形图案，放在地板上。和孩子一起想象：地板是小湖，放在上面的圆形纸片是湖面上的“小石头”，踩着这些“石头”才能走到湖对面，拿到对面的草莓（或者孩子喜欢的玩具）。万一没有踩到“石头”掉到湖里，湖对面的草莓就要减少一颗。刚开始做这个游戏的时候，爸爸妈妈可以拉着孩子的手。熟悉之后再让他自己走，给他一个适应和学习的过程。

妈妈有话说

很多爸爸妈妈都有这样的经历，孩子会走往往是一瞬间的事情。其实这正说明，孩子学走路是有一定的技巧和契机的，掌握正确的契机，孩子就能在一定的年龄很快学会走路；如果不注意一些问题，很可能让孩子学会走路的时间推后很久。有的孩子直到很晚才真正学会走路，就是因为爸爸妈妈的一次不当行为，让孩子对走路产生了恐惧。

专家方案

孩子学走路是一件非常重要的事情，不仅是一项基本的能力，同时也是对孩子非常有益的运动。大多数孩子在学会走路后，都很乐意不停地走，而且不让大人抱。可是过一段时间后，他们又好像变得懒起来，动不动就要求抱。这些都是正常的，当孩子要求爸爸妈妈抱的时候，请不要抱怨孩子懒惰，也许他只是想要再被爸爸妈妈宠爱一下。爸爸妈妈稍微抱一下，然后再鼓励一下，孩子就会继续自己走路了。

让孩子多玩撕纸游戏

很多孩子小的时候都喜欢撕书，大多数爸爸妈妈将这一行为定义为破坏性行为。其实，撕纸也可以成为开发孩子智力的一种手段。让孩子玩一玩撕纸游戏，不仅能帮助他锻炼动手技能，还能使想象力得到充分发挥。

记得朵朵八九个月的时候，朵爸为朵朵买了一套绘本图书。朵朵拿起来像其他玩具一样摆弄了一番，接着用手一扯，书里的一页就被撕坏了。朵爸一副心疼的模样，但是他并没有责备朵朵，而是控制着自己的情绪，顺手拿了一张白纸，将朵朵手中的绘本换了下来。

“哇，朵朵把纸撕碎了！”爸爸的赞扬让朵朵更加兴奋，朵朵连着撕了好几天的纸，见到什么撕什么。我只好把那些餐巾纸、卫生纸、打印纸都搜罗来，让朵朵撕个痛快。不过朵朵可没那么乖，一些不能撕的东西，她也会撕。于是，我只好把那些不能撕的东西束之高阁。在朵朵开心撕了几天，体验到撕纸带来的诸多快乐之后，我决定拓展一下这个游戏。

“妈妈跟你一起撕！比比看，谁撕得快！”看到妈妈以那么快的动作撕纸，朵朵很兴奋，她小手的动作也跟着快了起来。

“我要慢慢地撕，哧……啦……”我一边慢慢地说，一边慢慢地撕下一条。朵朵看着我，也跟着放慢了速度，试图慢慢地撕。一会儿，我又加快速度，朵朵也跟着加快速度，不过她的小手还控制不好力度，因此，她仍然只会乱撕。有的时候，我还会撕出不同的节奏。这些节奏就像特别的乐器，带给朵朵一些特别的感觉。听我撕的节奏多了，朵朵自己也会模仿，或者来一些变奏，玩得不亦乐乎。

如果引导得当，撕纸——这个在我们眼里带有破坏性质的行为，也会像其他游戏一样成为开发孩子多种能力的好游戏。

2 岁半以后，朵朵已经会说好多话了，当然，我们的撕纸游戏也有了更多的新花样。

“朵朵，你撕了一个什么呢?”看到朵朵很认真地撕下一个图形，我好奇地问她。

“妈妈，你看，我撕了一个大鸭梨，上面趴着一条虫子在吃大鸭梨呢。”朵朵试图撕一个梨子，不过撕的形状中途发生了一些改变，旁边多出来一个小疙瘩。这个小疙瘩就成了朵朵眼里的小虫子。

“妈妈，你也撕一个吧!”

“好的，我撕一个什么呢?”

朵朵想了想说：“那就撕一个比萨吧!”

我说：“好吧，朵朵喜欢吃比萨，咱们就撕一个朵朵最喜欢吃的比萨好不好?”朵朵高兴地说：“好啊，好啊!”

“好的。”我撕了一个圆形，“你看，我撕了一个大大的比萨。现在我要把它切开，分给大家吃。”说着，我用一只手侧过来当刀，压住“比萨”的一半，另一只手拎着纸的另一半，顺着手掌压着的线慢慢地撕下一个半圆，一边撕一边说：“我在中间切一道，成了两个半圆形了吧。我再切一道，成了两个扇形了吧。我再切，成了更小的扇形。现在可以分着吃啦。”

朵朵高兴地说：“好啊！妈妈一块，爸爸一块，爷爷一块，奶奶一块，朵朵一块……”

孩子一旦喜欢上撕纸游戏，那么他就会主动地去开发这个游戏，发挥自己的创造力和想象力。在玩的过程中，孩子的小手会得到很好的锻炼。

一个周末，外面下着雨，朵朵和朵爸说：“咱们来玩撕纸的游戏吧。”朵爸说：“好啊，这次咱们就比比看，谁撕的花样多，好不好？”

“好啊！我要撕出好多好多的花样！”朵朵立刻抓起一张报纸撕了起来，“我先撕一个直直的长条！”因为朵朵小手的控制能力还不太好，本来想撕一个直直的长条的她，撕着撕着就变了形，“长条”被撕出来拐了好几道弯，歪歪扭扭的样子。不过长度倒是比原来设想得长了许多。

看着那个歪歪扭扭的长条，朵朵突然兴奋地叫了起来：“爸爸，你看，我撕了一只风筝！”我扭头一看，朵朵撕的长条确实很像长龙形风筝。“哇，真不错，你撕了一只长龙风筝呢！”

朵朵开心地拎起风筝，在客厅里跑了起来。一边跑一边回头看看她的风筝。长长的纸条在朵朵背后飘舞着，忽上忽下，还真的很像是一只风筝呢！这个新发现让朵朵十分兴奋，她拖着那只“风筝”从这个屋子跑到那个屋子，小脸红扑扑的。我心里暗自高兴，这还真找到一个锻炼身体的好办法呢。

爸爸妈妈只要稍微用点儿心思，撕纸游戏就可以转换成非常好的体能游戏。除了撕风筝这个游戏之外，我们还可以创设更多让孩子动起来的撕纸游戏。比如，撕一些碎纸屑，往空中抛，玩下雪的游戏；撕一些不同形状的飞毯，往空中抛，玩飞毯的游戏；撕一些纸条，飞舞着玩彩带舞的游戏；撕两片纸当翅膀，玩飞行的游戏。孩子在玩的过程中还会有更多奇奇怪怪的想法，爸爸妈妈注意随时将他的想法利用起来，就可以玩出更多的花样。同时，这些游戏还可以跟孩子曾经听过的故事、看过的图书结合起来，成为阅读后的延伸游戏的一部分。此外，如果游戏能跟孩子感兴趣的故事和经历过的事件联系起来，就会更加充满了乐趣。

总之，利用撕纸，爸爸妈妈可以从中找到很多训练孩子精细动作的机会，加上游戏过程中随机加入的其他衔接内容，这类游戏还可以将提高孩子的语言表达能力，发挥孩子想象力与创造力，培养孩子的幽默感等内容融合进去，让孩子在游戏中获益更多。

有一次在玩撕纸游戏的时候，我悄悄地将游戏引导到了做饭这个主题上来："奶奶最喜欢吃粗面条了，我给奶奶撕一碗粗面条！"说着我撕了一些粗粗的长纸条。朵朵一下子被吸引住了。

"爷爷喜欢吃细面条，我们给爷爷撕一些细的面条吧！"朵朵想起爷爷曾经说过的话，立刻接话。于是，她又撕了几个细细的纸条。

"妈妈，那爸爸呢？"

"爸爸，喜欢吃不粗不细的面条。"

"妈妈，什么是不粗不细的面条？"

"就是比那些粗的细，比细的粗。你看看，哪些面条粗？哪些面条细？"朵朵看了看粗的面条，又看了看细的面条，似乎明白了。她又撕了一些不太宽也不太细的面条给爸爸吃。

撕完后，朵朵煞有介事地端着一碗碗的"面条"送给爷爷奶奶和爸爸吃，每个人都很认真地"吃"了朵朵的"面条"，然后夸赞："朵朵，你做的面条太好吃了！"

"呀，我都快饿坏了。我也想吃朵朵做的面条呢！不过我喜欢吃细细的面条，要特别细我才喜欢吃。"

朵朵立刻动手，给我做细细的"面条"。这可是一个非常艰难的工作，朵朵每撕下一条就问问我："妈妈，是这么细的吗？"

"我还想再细点儿！"我给朵朵出了个难题。于是，朵朵就尽量把面条再撕细点儿。

"哦，真不错！朵朵的面条太好吃了！"

"妈妈，我们不吃面条了，吃水果吧！"

我立刻回应朵朵的提议说："太好了，我正想吃水果呢！"

“那我给你们撕水果吧！”朵朵开始撕水果——苹果、香蕉、梨……很快，朵朵就撕了不少，不过很多水果的形状都不像。我指着一个方方的东西问朵朵：“朵朵，这是什么呀？”

“苹果！”

“哈哈，那苹果怎么不是圆的呀？”

“苹果没削好，变形了！”

“哦，原来是这样啊，削变形的苹果也很好吃呢！”我假装咬苹果，每咬一口，就撕下一点点纸，然后说：“你看，我都把苹果咬成什么样子了？”

“妈妈，你看，你都把苹果咬得像一朵小花了。”我仔细一看还真是像一朵小花呢。

撕纸游戏还可以掺入各种生活场景。比如，出行的场景，我们需要出行的代步工具，需要吃，需要穿，需要住——去不同的地方就会有不同的需求，不同的人出行也会有不同的需求，比如，爷爷需要拐杖，小弟弟需要奶瓶。所有这一切不仅可以拓展孩子的想象力，还可以将很多的地理、历史、风土人情、生活常识等内容加进来，拓宽孩子的知识面。再比如，卫星上天了，如果孩子对这个事件很感兴趣，爸爸妈妈就可以与孩子玩一些与此相关的撕纸游戏。撕一个卫星，跟着卫星来一趟旅行，看看月亮，看看星星，看看各种各样的天体……即便爸爸妈妈对天文知识一窍不通，那也没关系，找一本百科全书，和孩子一起去探究：“你看，卫星飞上天就会看到……”爸爸妈妈不需要教，孩子自己就会去探索卫星上天会看到哪些天体。这样一来，孩子在这个游戏中就很自然地成了主导者，而爸爸妈妈只是帮助他更好地完成这项活动的协助者，于是，撕纸这项活动就演变成了一个承载科普知识的载体，不带施教的痕迹，一切都通过孩子因为好奇而引发的探索行为悄悄加入进去。

其他概念也可以通过撕纸这种方式让孩子在游戏中理解。比如，朵朵撕了一个圆，我就说："我可不撕圆，我要撕一个三角形。你看，我撕了一个三角形。"朵朵在我的启发、引导下，自己要求："我要撕一个正方形！""我要撕一个扇形！"

撕纸的游戏变化万千，大小、长短、粗细、宽窄、厚薄、颜色、形状、多少……许许多多的概念都可以通过这样简单有趣的方式，让孩子在快快乐乐的游戏过程中悄然学得。如果爸爸妈妈想象力足够丰富，甚至还可以通过撕纸游戏来讲述故事，或者引导孩子自己来编故事。假定孩子撕了一个大苹果，那妈妈就可以撕一条小虫子，让小虫子一点点把苹果给吃掉。吃完以后，小虫子又饿了，它想再吃点儿别的。妈妈又给它撕了一块饼。可是饼太硬了，把小虫子的牙给崩掉了。于是，小虫子要去看牙医……就这样，一环扣一环，妈妈就可以和孩子一起源源不断地往下编出许许多多稀奇古怪的故事来。

撕纸游戏还可以培养孩子的发散性思维能力。假定孩子撕了很多碎纸片，把它们扔到空中，假装下雪了，那爸爸妈妈就可以顺势说上一句："啊，下雪了！好冷啊！怎么样才能让妈妈不冷呢？"于是许许多多的解决方案就出来了：给妈妈撕一件大衣，让妈妈穿上；给妈妈撕一个围脖，给妈妈围上；给妈妈撕一双棉靴，帮妈妈穿上；给妈妈撕一床毯子，将妈妈盖住；给妈妈撕一团火，让妈妈烤火；给妈妈撕一个太阳，让太阳带给妈妈温暖；给妈妈撕一个电暖气，把房间温度升高；给妈妈撕一只风筝，让妈妈跑着放风筝……解决冷的问题可以有许许多多的方法。

当然，也可以反过来，让孩子体会做某一件事情可以导致多种多样的结果。比如，撕一团火，可以让房间变得温暖，可以用来做饭，可以用来照明，可以用来吓退野兽……类似这样的游戏会让孩子形成一个习惯，不管遇到什么问题，他都会尝试找到尽可能多的解决方案，一个条件存在了，他就会思考，这个条件可能导致多少的可能性。如果孩子能以这样的方式去思考，他将来遇到困难就不太容易退缩，他抗挫折的能力就会比较强，应对挫折的办法自然也会比较多。撕纸游戏除了可以全面开发孩子的智能、体能之外，爸爸妈妈在与孩子游戏的过程中也可以将培养情商的内容悄悄地带进来，为孩子的全面发展提供有利的机会。

如果家庭经济条件允许，也可以使用一些彩纸来玩撕纸游戏，还可以提供不同材质的纸张，让孩子体验撕纸的乐趣。不同质地的纸张手感不一样，有的比较柔软，有的比较坚硬，有的韧性比较好，有的比较脆……并且，它们撕出来的响声也有区别，这些差别会带给孩子更多丰富的体验。

这里需要特别提醒一下，每次玩完撕纸游戏，爸爸妈妈一定要记得提醒孩子一起打扫，把碎纸屑清理干净。让孩子养成对自己的行为，以及自己的行为带来的后果负责的好习惯。

有的纸边角比较锋利，很容易划破皮肤，因此，撕纸的时候要视情况给予孩子一些适当的提醒。爸爸妈妈可以找一些相对比较安全的纸张给孩子撕着玩。

废旧的报纸和书刊，尤其报纸上面的油墨很容易脱落，这些油墨含有铅，对孩子的健康不利。因此撕纸后，一定要让孩子把小手清洗干净，并且，一定要防止孩子在小手没洗干净之前吃手，或者用手拿东西吃。

妈妈有话说

需要注意的是进行撕纸游戏时，要培养孩子的良好习惯。爸爸妈妈要告诉孩子这些纸都是已经没有用了的纸，可以用来玩撕纸的游戏。但是，很多书并不是看了一遍就没有用了，看了一遍还可以再看。想要撕的话，一定要让爸爸或妈妈给孩子找没有用的纸来撕。撕纸后要教育并要求孩子把撕碎的没有用的纸放进垃圾桶，做个讲卫生的好孩子。

专家方案

就像学爬、学走一样，撕纸也是孩子的一个学习过程，撕纸对孩子手指精细动作的发展十分有利，可以锻炼孩子两手的协调能力，促进拇指、食指功能的分化；而且在撕纸时孩子注意力高度集中，因此这个活动也是培养孩子集中注意力的一个不错的方法。给孩子一张白纸，让他自己去撕，撕完之后，问孩子撕的像什么图案，引导孩子充分发挥想象力。还可以引导孩子根据撕出的图案进行有趣的添画，培养简单的造型和绘画技巧。

撕纸的过程中要善于观察孩子撕纸的动作，看看孩子左右手是否能相互协调，相互配合。观察孩子撕的纸是均匀的线条，还是粗细长短都不同。孩子的手指越灵巧，撕出来的纸越是线条均匀，这反映了孩子手指小肌肉的精细程度。还要注意孩子能否感受到各种不同质地的纸之间的差别，能否体验到纸的厚薄对撕纸的影响，这是孩子认知能力的体现。

让孩子玩玩沙滩球

孩子都喜欢玩球，球在孩子眼中是个有趣的“家伙”。只要轻轻给它一点儿外力，它就会向前滚动，碰到东西又会反弹回来；如果让皮球在原地旋转，它就会像个陀螺；还可以用手上下拍，使的力气大，它就反跳得高，再用些力，皮球会跳得比孩子还要高；在前方立几个空的塑料饮料瓶，就可以在家里打保龄球了……

我家有个漂亮的沙滩球，这个玩具陪伴了朵朵很久，但是她百玩不厌。我一向认为，好的玩具应该有很多种玩法，简单但是创意无限，沙滩球就是这样的玩具。

朵朵出生没多久，朵爸就给朵朵买了这个沙滩球，因为太小不能玩，所以朵爸就自己拿着逗朵朵玩。朵爸让朵朵躺在垫子上，把沙滩球举到她眼睛前方30厘米的地方，等朵朵看到球后，再慢慢地旋转并左右、上下移动球。在这过程中，我或者朵朵会哼唱一些歌，沙滩球的移动也可以配合游戏歌曲的节奏，这个游戏可以刺激朵朵的视觉发展，并且帮助她加强颈部力量。有的时候我们也会把球靠近朵朵的脸颊把气门打开，缓缓地释放球中的气体，让她听到气体被释放时所发出的声音，同时感受气体吹到脸上的感觉。

小游戏可以有效刺激孩子的听觉、触觉、视觉。如果沙滩球够大，还可以将孩子腹部向下置于一个稍大一点儿的充气不是很满的球，使头部稍微朝向左侧或右侧，将一只手放在孩子的背上，另一只手轻轻地前后、左右滚动球。这样可以训练孩子的平衡感，同时还可以帮助孩子建立起对爸爸妈妈的信任感和安全感，有利于亲子感情的培养。

等朵朵大一点儿后，朵爸就开始和她玩更加刺激一点儿的游戏。他将沙滩球固定在自己的两腿之间，让朵朵的小肚子趴在沙滩球上，前后左右轻轻摇晃，一开始的时候朵朵有一点儿紧张，于是朵爸就唱起了朵朵喜欢的儿歌。等朵朵熟悉后，朵爸就开始推动沙滩球，让朵朵和沙滩球一起向前滚动。出于本能，朵朵的小手和小脚都呈匍匐状态，时刻准备着。滚着滚着，朵爸突然一停，朵朵先是愣了一下，接着身体开始晃动，示意朵爸继续……

等到朵朵可以扶着站起来了，朵爸就扶住朵朵的腋下将朵朵腾空拎起，使她的双脚略微离开地面。先是轻轻晃动她的身体，使她的脚碰到地面上的沙滩球。朵爸先是用力推了一下朵朵的身体，让她意识到她用脚蹬球，球就可以走。接着就告诉她说："朵朵蹬一下腿，让小皮球动起来。"果然，朵朵用力蹬直双腿，球向前走了一下，朵朵身体向后倒去，朵爸快速地抱住了她，她居然咯咯地笑了起来。接着便开始使劲地向前蹬球，一边蹬一边发出咯咯的笑声。

等朵朵能自己站着了，我就用手牵着，让她自己尝试着用脚去碰触球。通常，朵爸承担起扮演游戏伙伴的职责。

在孩子学会滚球之后，就可以指导孩子学习接球了。当孩子开始试图接球时，最好是将沙滩球里的气放出去一点儿，这样孩子的小手更容易抓住。成功地接球需要敏锐的反应和良好的空间意识，通过这个游戏，可以增强孩子的大动作技能和手眼协调能力。如果大人向孩子示范如何接球，孩子会学得更快。一旦孩子能够接住球（这需要大量的练习），就需要一点点地拉远两人的距离。

朵朵1岁半的时候，朵爸发现有一个非常好玩的游戏，我们将一些空矿泉水瓶子排成一排，然后让朵朵拿着沙滩球站在一定的距离，将球扔出去，将空瓶子撞倒。其实就是玩保龄球得来的灵感。每次朵朵将瓶子撞倒，我们都会给她鼓掌，鼓励她再来一次。（这个游戏可以促进孩子的手眼协调发展，还能提高空间知觉能力，激发创造性思维。）爸爸妈妈在选择球的时候，重量要以孩子的臂力可以掷出为宜。大小要合适，球太大不仅掷出困难，而且每次必中瓶子，这样没有难度使孩子容易厌倦；球太小则难度太大，孩子掷不中目标也会厌倦。

朵朵每次玩球的时候总是很兴奋，很期待，尤其是在和朵朵玩传球时，虽然不是每次都成功地把球传过来，可是我对着她一直说："朵儿，把球传过来给妈妈，把球传过来！"朵朵看着我，许久之后，才把球传过来了，尽管那个方向，还有待于继续控制、掌握。最近朵朵也能接球了，而且喜欢抱球，自己抓住球之后，会把球抱起来，嘴里还说着"抱抱"，或者把小脸贴在上头，或者干脆伸出小舌头舔一舔。朵朵的那个沙滩球已经玩得漏了气，每次充完气之后，没几天就会慢慢地瘪了，正好玩接球的时候让朵朵抓着，也不怕砸到她会痛。

球的玩法非常多，有时候不经意间就能让发现一种新的玩法。

有一次在玩球的时候，朵朵不小心将球丢在了身后，球"咚"的一声弹开了，朵朵转身怎么也找不到球。这时候我从门口将球捡回来，还给朵朵，并且鼓励她再往后抛一次，朵朵似乎很乐意玩这样的游戏，她接过球一下子抛到身后，马上扭头去看，这次看到球的去向了，咯咯地笑着去将球捡了回来。

我还会和朵朵面对面坐在地上，距离大概两米，双腿分开。然后和孩子互相推球。为了增加气氛，激发孩子的积极性，我还会一边滚球一边发出一些声音，比如，看球，哎呀，球又来了。

这些互动都可以起到增强游戏兴趣的作用。刚开始的时候，爸爸妈妈可以拉着孩子两只手帮助孩子接住球，让孩子有成就感，激发游戏兴趣。多次练习以后再鼓励孩子独立完成。爸爸妈妈和孩子间的抛球距离要根据孩子的完成情况适当地调整。

随着孩子的判断力和反应能力的增强，爸爸妈妈要提高球的速度和改变球滚动的角度，滚球难度提高了，孩子的反应能力也会得到锻炼。可以说，孩子在与球接触的过程中锻炼了动手操作能力、手眼配合能力，也让孩子能够开动脑筋，发展全方位的潜能。

朵朵学会了用手拍球，她看到爸爸妈妈用手拍球很好玩，于是自己也要试一试，可是手总是接触不到弹起的球，朵爸鼓励朵朵说："朵朵，你可以用两只手拍。"朵朵试着把球推出去，然后笨拙地用双手将弹起的球拍了下去。朵爸在一旁鼓励着，朵朵最终学会了拍球。

有了接弹球的技巧，爸爸妈妈就可以接着教孩子把球往下拍，然后抱住球。这对2岁多点的孩子来说是比较难掌握的，爸爸妈妈可以把动作分解开，让孩子在爸爸妈妈的帮助下完成。比如，爸爸妈妈拍球，让孩子抱球，或是让孩子拍球，爸爸妈妈抱球，反复多次，再教孩子连起来做。接近3岁的孩子基本可以掌握。完成情况较好的孩子就可以教他连续拍球了。

玩拍球的游戏不仅可以提高孩子手眼协调性，培养孩子对事物运动方向改变有一定的预测性，还可以训练孩子高级的连续动作的运动技巧。

这个游戏里的球要有比较好的弹性，大小可以随孩子年龄变化。球的材质不宜太硬，气不要打得太足，以免反弹球击伤孩子身体。

还有一个好玩的游戏，玩的时候需要一条毯子。爸爸妈妈和孩子分别握住一条毛毯的两端，把大沙滩球放在中间，然后颠到空中，在它落下时再尽量接住它。开始时轻轻颠球，以免太高。当孩子的协调能力提高时，可以把球越弹越高。这个游戏对于孩子的协调能力和视觉灵敏度是个挑战。为了把球弹起，孩子必须与爸爸妈妈同时提起毛毯，为了接住球，他必须在球落下时紧盯着球。

妈妈有话说

孩子的快乐其实很简单，很多孩子拥有很多昂贵的、功能超多的玩具却并不快乐，所有的玩具都是一时新鲜，过后就扔到角落里不再玩了。孩子的玩具不在乎多少，不在乎是不是很贵，最重要的是有没有充分发挥玩具的功能。好的玩具，不但可以让孩子获得快乐，还能够锻炼体能，开启多项智能。

专家方案

球是圆的，很容易动，孩子喜欢看到球运动时带来的意想不到的变化，而这种变化也会大大地满足孩子的好奇心。球类运动是两个或者多个人的运动，所以玩球总是可以和其他人互动，这一点可以满足孩子与人交流的需求。不只是沙滩球，其他各种球类都可以有很多的玩法，比如，乒乓球、气球、足球等。

让孩子自己用勺子吃饭

我的小侄子比朵朵大3岁，朵朵出生之前，我目睹了我妈妈和嫂子每天喂小侄子吃饭的场景。大人喂一口孩子就吃一口。孩子吃饱了，大人还追着要他尽量多吃一口。孩子吃饭一点儿积极性都没有。那时候我就想，如果我有了孩子，一定要让他从小学会自己吃饭。

朵朵七八个月的时候，我总让她坐在手推车里，然后给她一根磨牙棒。一到吃饭的时候，朵朵就伸手要东西吃，我会给她一些可以用手拿着的食物，让她学着吃。为了让她养成独立进餐的习惯，我特地购置了一套餐椅和一套无毒不易摔碎的碗碟。每次吃饭，我都让朵朵固定地坐在餐桌的一边，她用小手，吃得不亦乐乎。朵朵吃完饭后，当然是一片狼藉，不过这时候朵爸会来帮忙清理干净。

其实孩子很小就可以自己吃饭了。在不会用工具之前，完全可以让他自己用手来抓食物。许多爸爸妈妈觉得这样做不卫生，实际上只要每次吃东西前把孩子的小手洗干净就可以了。朵朵几个月的时候，我发现她很喜欢用手抓着吃饭，于是就给她准备了盛食物的托盘。把吃的东西放到盘子里给她，她用小手抓着吃，吃得特别好。

孩子到了七八个月，吃辅食的时间长了，这个时间段以软烂的食物为主。我常常特意为朵朵把饭煮得黏稠一些，在她的托盘里放上一大勺饭，让她自己去抓。饭抓到手上，朵朵非常开心。通过不断抓握，孩子手部的活动增加了，手的灵活性和控制手的能力会增强，为将来自己吃饭奠定了良好的基础。爸爸妈妈这个时候一定不要因为孩子吃得到处都是而生气，一定要明白，孩子还年幼，需要学习、练习。最重要的是要让孩子在愉快的情绪下吃饭，孩子高兴就不会不好好吃饭。

朵朵快1岁的时候，一次给她喂汤，她开始和我抢勺子。后来几乎每次都要把勺子抢到手里自己吃饭，如果我喂，她就闭着嘴。自己拿着勺子在碗里乱搅和一阵，然后往脸上、嘴上抹。朵爸见状，说朵朵这是想自己拿勺子吃饭呢。于是，我就给朵朵买了一把软软的橡胶勺子。她就开始了用勺子吃饭。当然，一切并不是那么顺利，一开始的时候朵朵根本拿不稳勺子，也分不清正反面，往往是食物抹了一脸，却没有吃进嘴里一点儿。于是我就扶着她的手，协助她把食物放到嘴里。还告诉她："朵朵，勺子要这样拿，才能舀到食物哦。"朵朵似乎领会，但是再拿起来依然是反的。玩了一阵子，最后干脆又用手抓着吃起来。

但是我还是坚持，每次吃饭都给朵朵一把勺子玩。在她的碗里装一些容易压碎的大块食物，如豆腐、鸡蛋黄等，让她自己拿着勺子随意地摆弄。虽然用勺子对她来说还是一件费力的事，但看得出她很喜欢。

为了锻炼朵朵更好地用勺子吃饭，在平时我还会跟她做搬运食物的游戏。我鼓励朵朵将食物从一个碗里搬到另外一个碗里。我将胡萝卜、黄瓜切成块状放在碗里，鼓励朵朵用勺子舀食物。一开始的时候朵朵弄不进去，甚至还会厌烦我的指令，这时候我会把胡萝卜块、黄瓜块拨到她的小勺里，然后鼓励她自己运到另一个碗里。让她体会到成就感，从而激发她使用勺子的欲望。

尽管有了一些练习，但是，真正自己用勺子吃饭还要经过很长时间的学习。我又给朵朵买了半圆形的小汤匙，让朵朵学着用汤匙喝汤。很多时候，朵朵由于控制不好汤匙，弄得满地满身都是。这时我都会克制自己不去斥责她，因为我知道这是孩子学习的过程，而且在这个过程中她是愉快的。

朵朵还喜欢用左手拿勺子，专家说同时使用左右手更有助于大脑的发育。于是我们就没有要求她一定要用右手，有时候她用左手我们也不加以阻止，后来朵朵无论做什么左右手都可以胜任。

从朵朵会用勺子吃东西后，我就坚持让她自己吃饭。有时候她会弄得满身都是，有时候她吃着吃着就跑开了。我绝不逼迫她多吃一口饭，我觉得吃饭是一件快乐的事情，如果总是在吃饭的时候和她对立，那以后她就会觉得吃饭是一件痛苦的事情。而且，吃饭本来就是她自己的事情，我会建议朵朵多吃点儿，却不强迫她吃。

有的爸爸妈妈或老人心疼孩子，凡事总爱包办代替，总说孩子还小，长大自然就会了，坚持喂孩子吃饭。甚至有的孩子都上小学了，还要让爸爸妈妈喂才肯好好吃饭。孩子的许多坏习惯都是大人“培养”出来的。就从自己吃饭这件事来说，如果大人总是过分主动，孩子自然就会相应被动，久而久之，不仅在吃饭这件事上总处于被动状态，甚至连性格和其他行为习惯都会变得被动起来，缺乏自信，自理能力差，依赖性越来越强，责任心淡薄。这对孩子身心的健康发展都是不利的。在吃饭上独立自主的孩子，在思考问题、处理问题的时候，独立性也会较强。培养孩子良好行为习惯要从小事做起。

朵朵的奶奶从老家过来，老人很长时间不见孩子，吃饭的时候一定要亲自喂孩子。我说让她自己吃吧，老人家说，自己吃哪能吃饱，再说吃得哪儿都是饭，收拾起来更麻烦。说着就端起小碗喂朵朵。朵朵要自己拿勺子吃，奶奶说：“乖，奶奶喂。”没想到朵朵居然闭着嘴巴，不肯吃，直到自己拿起勺子，才肯接受奶奶的食物。看来，孩子自己拿勺子吃饭是快乐的，也是成长的内在需要。

就这样，经过半年的坚持和努力，朵朵逐渐由被动地喂食发展到可以自己用小勺吃。每次看着她一本正经地拿着勺子吃东西，我都会夸上几句，当朵朵将一勺食物准确地放进小嘴里的时候，我会拍着手说：“朵朵做得真好，都会自己吃东西了。”朵朵会乐得将小屁股扭一扭，吃得更带劲儿了。

随着孩子动手能力的加强，可以试着让孩子独立吃完一部分食物。比如，在碗里饭菜所剩不多时，让孩子自己吃掉剩余的食物，如果孩子能够独立完成，就予以积极鼓励，这会让孩子产生一种成就感，也有助于自信心的培养。对于一些小馒头、小包子之类食物，完全可以让孩子自己拿着吃。有的孩子在 1 岁半以后，慢慢地就可以自己吃饭了，有的孩子甚至 2 岁左右就可以使用筷子夹菜了。等孩子会自己吃饭以后，有时也会不肯自己吃，这时爸爸妈妈不要过分迁就他，告诉他吃饭是他自己的事，让别人喂饭是很羞的事。使孩子树立起自立光荣的意识和观念。这样孩子到 3 岁上幼儿园时，爸爸妈妈就不用担心孩子自己吃饭的问题了。

爸爸妈妈教孩子时一定要有耐心，最初孩子肯定不熟练，会把饭弄到手上、桌子上、衣服上、地上，有时候还会把碗和盘摔碎。爸爸妈妈不要生气，更不要训斥孩子，要不断地鼓励孩子，增强孩子的兴趣，逐渐使之习惯起来。

从孩子 1 岁起（也可以更早），就要开始训练他自己用勺子吃饭，让他接受勺子并学会使用勺子，并且体会自己喂自己的乐趣。

人的智慧跟手的运动密切相关。在孩子 1～2 岁的敏感期，训练孩子使用小勺子，不但可以满足小手的探索欲望，还可以锻炼肩膀、胳膊、手掌、手指等部位的肌肉运动，加强精细动作的协调性，促进大脑的发育。对孩子过度干预、照料往往只能起反作用。

妈妈有话说

孩子天生就会吃东西，等孩子 1 岁多就可以自己吃饭了。爸爸妈妈可以让孩子自己抓东西吃，哪怕把身上弄得都是米粒，哪怕把屋子弄得到处脏兮兮，有什么不可以呢？孩子在自己吃饭的过程中学会了自己照顾自己，慢慢成长起来。

孩子不想吃饭的时候不要强迫他，更不要端着碗到处去追他。让孩子自己决定，他不想吃饭应该有他自己的原因。如果孩子是淘气不想吃饭，那么，饭后请收好食物，一定要等吃饭的时间再让孩子吃，不要听他说饿了就给他吃。

专家方案

一般来说，当发生以下现象时，爸爸妈妈就可以着手教孩子学吃饭了：

1. 孩子吃饭的时候喜欢手里抓着饭。
2. 已经会用杯子喝水了。
3. 当勺子里的饭快掉下来的时候，孩子会主动去舔勺子。

第六章

提高人际关系智能，使孩子成为一个受欢迎的人

每个人从出生的那天起就开始历练自己的人际关系了。

良好的人际关系对每个人的生存有着非常大的作用。如果一个人拥有良好的人际关系，就可能会拥有正确的人生观，相反，则会产生很多负面影响。

爸爸妈妈要从小就开始培养孩子的人际关系智能，给孩子上好人际关系这一重要的课程，培养孩子处理各种人际关系的能力，让孩子拥有一个良好的人际关系智能。

我可以帮助你吗

朵朵2岁半的时候，一天下午玩累了准备回家，在路上看见一个跟自己差不多大的小男孩低着头走来走去，似乎在寻找什么东西。

朵朵拉着我的手，停下来指着那个小男孩，说："妈妈，他在干什么？"我说："我也不知道呀，要不，你过去问一问吧。"朵朵睁着大眼睛，说："妈妈，我知道啦。"然后颠颠地跑到小男孩的身边，问："你在做什么呀？"那个小男孩抬起头，沮丧地说："我的小汽车不见了。"话音一落，朵朵想也没想便说："我帮你一起找，好吗？"那个小男孩一听，见有了帮手，两眼顿时放出光来，乐呵呵地说："好呀，好呀！"只见两个小家伙低着头开始找起来。

大概过了5分钟，朵朵似乎发现了新大陆一样，高兴地大喊："我找到了，在这里！"然后在一个小树丛里拾起一个玩具小汽车，迅速地跑到那位小男孩的面前，递给他说："给你。"小男孩也很有礼貌地说："谢谢你，帮我找到玩具。"朵朵特别开心，好像自己做了一件什么大事一样。

我也赶紧不失时机地对朵朵的行为赞扬一番："哇，朵朵真是个好孩子，主动帮助那位小朋友找到了玩具。"受到表扬的朵朵心情大好，一路上叽叽喳喳说个不停，并"立志"说以后还要帮助小朋友找玩具。我笑着说："你希望每个小朋友都把玩具弄丢啊。"听我这么一说，朵朵哈哈大笑了起来。

朵朵这一举动，完全在我的意料之中，因为在日常生活中，我很注重朵朵这方面的培养，让她从小明白帮助别人是一件很快乐的事情。

孩子接触最多的是爸爸妈妈，爸爸妈妈的一举一动都在潜移默化中影响着孩子，对孩子的教育身教更是胜于言教。所以不管在家庭生活中，还是在社会生活中，我和朵爸平时都很注意自己的言行举止，为给朵朵树立一个助人为乐的好榜样。每当遇到邻居、朋友，甚至是陌生人有困难的时候，我们都会及时伸出援助之手，帮助他们。

时间久了，朵朵自然会明白，原来人和人之间是需要互相帮助的，对于弱者更应该给予帮助。上例就是一个最深刻、最具说服力的例子：自己的一个举手之劳，却能给别人带来很大的帮助，别人高兴的同时自己也很快乐。

每次走在大街上，3 岁的朵朵只要看到有人在乞讨，她都会用很诚恳的眼神看着我说："妈妈我们帮助他吧？"我希望孩子有同情别人的意识，所以我总是鼓励她这样做。无论找到多少零钱，我们都会给乞丐，有时候是一元，有时候是十元，有时候是面值挺大的钞票。朵朵坚持要自己亲手把钱给乞丐。看到孩子想要帮助这么多人，我感觉非常欣慰。对于孩子助人为乐的行为，爸爸妈妈要给予肯定和支持，鼓励孩子，培养孩子乐于帮助他人的品质，并和孩子一起分享帮助他人的快乐。

一个人生活在世界上，就必定要与很多人交往。而人与人的交往是一种平等互惠的关系，你对别人怎样，别人也会对你怎样；别人得到了你的帮助，同样你也会得到别人的帮助，正所谓"投之以桃，报之以李""赠人玫瑰，手有余香"，要想得到别人的帮助，首先就要向别人伸出援手。孩子还处于人格、品格形成时期，很多事情并不能分辨清楚，这就需要爸爸妈妈在生活中悉心地教育、引导、鼓励他去帮助别人。

朵朵 2 岁的一天，在楼下正好遇到隔壁的阿姨外出购物回来，手里提着好几个大包小包，我对着阿姨说："哇，刘阿姨提了好多东西呀，看起来很累呀。要是有位小朋友去帮帮忙，阿姨一定会很高兴，夸赞说'哎呀，这是谁家的小朋友呀，阿姨好喜欢啊，阿姨觉得你是最棒的小朋友。’”朵朵有点儿心动了，抬起头用疑问的口气问我：“阿姨会夸我吗?”我笑着说：“要是朵朵帮助阿姨提袋子，阿姨肯定夸赞朵朵是个人见人爱的好孩子。”朵朵马上跑过去，大声说：“刘阿姨，我帮你提袋子。”说罢接过一个小袋子，刘阿姨马上夸赞说：“朵朵真是个好孩子，阿姨谢谢朵朵。”朵朵很开心，提起袋子来也更带劲儿了。

很多爸爸妈妈总以为自己是全能型人才，什么事情都以为自己很了不起，生怕孩子看不起自己，更不愿意放下做爸爸妈妈架子，主动向孩子请教一些问题，在孩子面前扮演几次弱者，其实，这样的观念需要改一改了。

在生活中，我和朵爸在朵朵面前，总是会保持一种低姿态，总是会不耻下问，寻求她的帮助。

记得有一次，朵爸和朵朵在玩积木搭房子，快要搭好的时候，忽然朵爸从地上捡起一个窗户，但不知该把它安装在什么地方，于是朵爸开始向搭房子高手——朵朵，诚恳地求助说：“朵朵，爸爸的房子快搭好了，但是不小心把这个窗户落下了，现在不知该往哪里安装，你能帮助爸爸把它安到合适的位置吗?”朵朵很爽快地答应下来，开始帮助爸爸的房子安窗户，看了半天，终于在房顶的一处发现了空隙，然后很轻松地把窗户安了上去，朵爸很不解地问：“窗户怎么在房顶上啊?”朵朵很得意地说：“不懂了吧。”然后解释说：“把窗户安在房顶上，打开后可以看见蓝天，还可以看见小鸟。”朵爸顿时恍然大悟，连声夸赞道：“朵朵太棒了，爸爸竟然没想到，谢谢朵朵。”朵朵不以为然地说：“不用谢。”

每一个孩子都希望自己能被重视，成为家里的小主人。孩子对于“弱势”爸爸妈妈提出的问题，都会认真地思考，因为在他们看来这是其表现的好机会，当爸爸妈妈寻求的帮助被自己圆满地完成后，不仅对孩子是一个很好的锻炼，同时也让孩子在帮助别人的过程中，感受到帮助别人给自己带来的快乐，感觉到自己存在的价值，感觉到自己是幸福的。爸爸妈妈在向孩子寻求帮助时要有诚恳的态度，不要让孩子认为爸爸妈妈的求助只是为了求助，并不是真正想得到自己的帮助。

现实生活中，我们经常会看到，有些孩子喜欢主动帮助别人，当别人有困难时，总会问“我可以帮助你吗？”把别人的事情当作自己的事情来对待；而有的孩子则对别人的事情显得很冷淡，甚至无视。其实这是一种很自私的表现，对孩子身心健康发展是不利的。试想，哪个爸爸妈妈愿意自己的孩子被其他小伙伴疏离，在一边望着其他孩子兴高采烈地玩耍。所以，爸爸妈妈在孩子小时候，除了要培养孩子的智力教育，也要注重孩子的情感教育，让孩子养成乐于助人的好习惯，成为一个受欢迎的人。

妈妈有话说

一个懂得帮助他人、有关爱之心的人，在社会中能得到更多人的帮助，交到更多的朋友，在人生路上获得更多成功的机会。而婴幼儿期是人格品质形成的关键时期，需要爸爸妈妈在其成长的过程中悉心地培养，帮助孩子建立帮助别人的好品格，为孩子将来成为社交场合中受欢迎的人做准备。

专家方案

人的本质是爱的相互存在，人的生活是与他人的相互交往构成的。帮助别人，就是要求人们善于理解他人的处境、他人的情感和需要，随时去支持别人、关心帮助别人。培养孩子从小乐于帮助他人的美德，对孩子今后具有高尚的情操、健全的人格有不可估量的影响。那么，爸爸妈妈怎样培养孩子乐于助人的良好品德呢？

1. 以身作则，为孩子创造乐于助人的家庭氛围。

2. 爸爸妈妈应尽量给孩子提供良好的接触社会、关心和帮助他人的机会。

3. 爸爸妈妈放下架子，以低姿态寻求孩子的帮助，让孩子在帮助别人解决问题的过程中得到快乐。

4. 对于孩子帮助别人的行为，爸爸妈妈要给予鼓励和表扬。

让孩子学习礼貌用语

朵朵10个月的时候，每当看见有人要离开的时候，就会挥动几下小手，嘴里还“说”个不停。其实朵朵在八九个月时，我就有意识地教她挥手说“再见”，朵朵奶奶说孩子太小了，不会懂得，所以就放弃了。

但后来发现年龄相仿的孩子都会。所以，我觉得还是应该教孩子学习挥手再见。于是就利用每天上班时，我和朵爸出门前刻意跟朵朵一边挥挥手一边说：“朵朵再见！”然后朵朵奶奶也抓着朵朵的小手向我们挥一挥，并帮助朵朵说：“爸爸妈妈再见。”这样朵朵就明白，向别人挥手这个动作是表示“再见”的意思，而且是别人要走的时候才能这样挥手。大概持续了一周，朵朵就学会了这一动作，由刚开始是我们主动向她挥手说再见，到后来她一看见我们穿衣服、背包，就会主动举起自己的小手向我们摆一摆。

直到现在，仍然很清晰地记得朵朵第一次挥手向我们说再见的那一天，我和朵爸像往常一样收拾完准备穿衣上班时，刚走到门口，朵朵就迫不及待地挥起小手，见状，我赶紧也向朵朵挥手说：“朵朵再见。”朵朵把手挥得更起劲儿了。

因为在1岁前，朵朵掌握的字词很少，甚至连一个比较清楚的字都不能说清楚，所以边挥手边说“再见”对她来说是一个高要求了。到了朵朵满1岁时，有一次朵爸要出门，朵朵急忙向爸爸摆手，还口齿不清地说：“见见。”在没有特意一个字一个字教朵朵说“再见”的情况下，朵朵竟在耳濡目染中学会了人生中第一个礼貌用语。

自从朵朵学会第一个礼貌用语之后，在以后学习其他礼貌用语时，进步特别快，基本教几次就能马上运用了。这些礼貌用语的学习为日后使用语言与人交流做了很好的准备。

礼貌用语是人际交往中很重要的一个方面，有礼貌地与人交往，是孩子社会化过程中需要学习的重要部分。教孩子学习礼貌用语是孩子社会交往活动的开端，如果再辅以表情和动作，对培养孩子的人际交往能力是很有好处的。孩子在日后的交往活动中，不可能仅仅局限于家庭这个小圈子，还要扩大到整个社会，接触更多的人。因此，教孩子学习礼貌用语还应扩大范围。

生活中我们经常会和很多人打交道，这个过程是教孩子学习礼貌用语的最佳时机，爸爸妈妈要注意利用。比如，家里的客人要离开了，让孩子挥手说：“再见。”外出遇到熟悉的人时要教孩子主动打招呼，见面说“你好”，离开说“再见”。即使孩子还不会说话或者刚会说话，爸爸妈妈也要不厌其烦地替孩子说这些礼貌用语，让孩子在潜移默化的熏陶下，潜意识中对这些词语和动作留下印象和记忆。

朵朵1岁多的时候，正值春暖花开的季节，户外百花争艳，绿树成荫，每到傍晚时分我就会带着朵朵到外面玩耍，感受外界的事物，接触更多的人。记得有一天正好遇到一个朋友也带着孩子在外面玩，两个小朋友见面，难免会感到新奇、亲切，一会儿他用小手摸摸朵朵，一会儿朵朵用小手碰碰他，还时不时挤挤眼睛，咿咿呀呀叫几声。时候不早了，人们陆陆续续往回走了，我们也准备回家，但是两个小家伙似乎很是依依不舍，一边走一边向对方挥手，嘴里还说着：“见见。”一路上朵朵的小手都没有停下来，一直望着远去的小朋友，直到看不见。看来，小家伙是真正理解和明白了挥手再见的意思了。

孩子挥手说再见，是礼貌用语中最基本也是最简单的，孩子人生中大部分学会说的首个礼貌用语，明白的第一个礼貌用语的含义，恐怕就是“再见”了。不过，与人交往，除了再见还有很多礼貌用语，需要爸爸妈妈逐一教给孩子。而多带孩子接触外界的人，则是为孩子提供学说礼貌用语、理解礼貌用语的最佳机会。所以爸爸妈妈可以利用傍晚或者周末的时间，多带孩子到户外活动活动，多见见人，多和人说说话。这样做不仅可以培养孩子见人主动打招呼的习惯，而且还可以在打招呼的时候教孩子使用不同的礼貌称呼，如叔叔、阿姨、爷爷、奶奶等。

每次带朵朵下楼，就会遇见几个街坊邻居，如果碰到的是年轻人，我就会对朵朵说：“朵朵叫阿姨（叔叔）。”如果遇到的是老人，就对朵朵说：“朵朵叫爷爷（奶奶）。”再次碰到后，我会对朵朵说：“朵朵说阿姨（叔叔、爷爷、奶奶）好！”就这样，经过几次提醒、引导，朵朵稍微长大一点儿后，这样的礼貌用语基本都不用我教了，每次一看见熟悉的街坊邻居就会主动说：“叔叔好、阿姨好！”

让孩子学习礼貌用语的途径有很多种，比如，利用讲故事或者看电视这样的时间，教孩子说礼貌用语也是可行的。所以说，只要爸爸妈妈善于发现，善于利用一切可以教孩子的机会，相信孩子学会这些礼貌用语是很轻松的。

妈妈有话说

从小教孩子礼貌用语不但能增进亲子关系，还能事半功倍地推动孩子各方面的健康发展。有心的爸爸妈妈可以在孩子咿呀学语时就开始教他一些简单的礼貌用语，如“谢谢”“对不起”“请”“再见”“您好”等。

专家方案

孩子从1岁左右开始，妈妈就可以在日常生活中教孩子一些常用的礼貌用语了，这样不仅培养孩子懂礼貌的好品质，而且还能学会更多新词汇，有助于孩子语言能力的发展。在教孩子学礼貌用语时，爸爸妈妈应该怎样做呢？

1. 爸爸妈妈要以身作则，用自己的行动影响孩子。比如，在家庭生活和对话中，爸爸妈妈要经常运用小小的动作和简单的语言，使孩子受到良好的熏陶。

2. 利用生活中人与人交往之间的实际场景。人与人交往总少不了运用各种各样的礼貌用语，这些实际场景是孩子学习礼貌用语的最佳时机，爸爸妈妈一定要把握！

3. 利用亲子时间。比如，给孩子讲故事、做游戏时，可以充分运用内容情节，帮助孩子学习如何运用礼貌用语。

大家换着玩玩具

朵朵1岁半的时候，看见什么东西都喜欢据为己有，在家里是，在外面也是。奶奶带着她到外面和小朋友玩，她总是对别人的玩具感兴趣，抢过来玩，爱不释手。但是反过来，如果别的小朋友拿她的玩具玩，她就会死死地抱住，表现出很不乐意的样子。她奶奶感到很疑惑，是她的玩具不好玩，别人的好玩？还是其他原因？

其实，孩子想要争夺别人的玩具，这就是他们社交的开始，表明孩子玩的时候开始注意别人，注意同伴的玩具了，而不是像先前小朋友们在一起玩时，总是各玩各的。大多数孩子在1岁左右时就有了社交的愿望，比如，走在路上看见其他小朋友，会停下来一直盯着看或者用小手指一指，甚至会喊几声来引起其他小朋友的注意。从这时开始，爸爸妈妈要多给孩子创造机会，让他多接触小朋友，多和小朋友玩耍，训练孩子的人际交往能力。

因为附近和朵朵同龄的小朋友还真不少，每天晚饭过后，院子里总会看到他们的身影，听到他们嬉笑的声音。朵朵从1岁后就开始有意识地注意其他小朋友了，看到别的小朋友玩，她会目不转睛盯着看，尤其是看到别的小朋友的玩具，总是喜欢抢过来玩。

记得有一次我带着她在外面，正好遇见一个小朋友拿着一个会发光的水晶球在玩来玩去，一个不注意，水晶球跑到了远处，朵朵颠颠地跑过去把水晶球抓起来抱在自己怀里不愿撒手了，那位小朋友也不高兴了，和朵朵抢了起来，两个小家伙你拉我扯争执起来。见状，我赶紧对朵朵说："朵朵是不是想玩这个水晶球呀？"朵朵点点头，"那你把你的玩具给这位小朋友玩，好不好？"朵朵之前还没有注意自己的玩具，经我一说显然给她提了个醒，顿时把自己的玩具收得更紧了。我继续逗朵朵说："这个水晶球是人家的，你想玩人家的水晶球，但是人家不乐意，如果你把你的玩具给他玩，他应该就乐意让你玩了。"朵朵一听，马上把自己的玩具递给那位小朋友，两人互相交换玩具后，都满足了自己的愿望，很快玩在了一起。

1 岁以后，孩子开始慢慢建立起物权的概念，他知道有些东西是"我的"，属于"我的"东西要牢牢看住。其实，这个时候他还不能清晰地分辨出到底什么是属于"我的"。所以，很多时候他会把所有看到的东西都觉得是自己的，或者把自己喜欢的东西也看作自己的。一旦他认定东西是自己的，就要保护好，不能让别人拿走，不愿意和别人分享。这个时候爸爸妈妈不能强迫孩子分享，要教会孩子一些交往的方法，比如，多鼓励孩子同小朋友互相交换玩具，让他们从交换玩具的过程中，逐渐体会到同小伙伴分享玩具，自己并没有什么损失，而且还能在交换中得到更大的乐趣。如果是别人的，也要告诉孩子，这个东西不是自己的，是那位小朋友的，如果你想玩，要去和小朋友商量，或者用你的玩具交换，或者等待……孩子学习分享的最初阶段就是交换，不能强迫其分享，而是要引导。如果引导恰当，孩子能从交换或者分享中得到乐趣，慢慢地就会主动去分享。

在家里，我和朵爸就特别注意朵朵这方面的训练，比如，我会拿一个朵朵喜欢吃的水果换她喜爱的玩具，开始时，她会觉得无法取舍，什么都想要，但是经过我在一边不断地鼓励，次数多了，她就很乐意交换了。

孩子的社交离不开爸爸妈妈的帮助，因为只有在爸爸妈妈的帮助下，孩子才能学会怎样与其他小朋友交往，用什么样的语言和方式与其他小朋友交往，为孩子今后的社会交往能力打下坚实的基础。

孩子刚有了与其他小朋友交往的意愿，还不适应和很多小朋友一起玩，最好选择一对一地玩。比如，爸爸妈妈可以邀请一个与孩子同龄的小伙伴来家里玩，鼓励孩子与别的小朋友一起玩玩具，交换玩具。这样，既给孩子带来新玩具的游戏乐趣，又发展了孩子与人交往的能力，学会处理人际交往中的问题，何乐不为呢？

妈妈有话说

3 岁左右的孩子自我意识开始萌芽，表现为自我中心性，所以他总是想以自我为中心，认为什么东西都是自己的，要抢过来，这一表现恰恰也表明孩子有了与其他小朋友交往的意愿。这个时候爸爸妈妈要帮助孩子怎样和小朋友交往，引导孩子和其他小朋友一起玩一些互动的游戏或鼓励和小朋友一起交换玩具玩，玩过后再换回来，教孩子学会分享。

专家方案

据心理学家研究，许多成年人的不善交往、拘谨可以追溯到他的幼儿时期。如果在幼儿期孩子的拘谨、不善交往得不到解决，那么必定会影响他日后的人际交往。社会交往能力是人的一生当中很重要的内容之一，因此，爸爸妈妈要从小训练孩子这种能力。而鼓励孩子与其他小朋友交换玩具，学会分享就是其中之一。

1. 多给孩子创造接触其他小朋友的机会，多和他们玩耍。

2. 鼓励孩子和其他小朋友交换玩具，让其从交换中得到乐趣，慢慢学会主动会分享。

3. 在日常生活中，多和孩子做交换物品的训练。

4. 3 岁左右的孩子只适应一对一的玩耍，所以，一起玩的小朋友最好少一点儿，不要超过 3 个。

拍拍手，欢迎你

朵朵9个多月时，有一天我下班回家，朵朵在奶奶的带领下，竟然会拍拍手表示“欢迎”了，而且在奶奶的语言提示下，两只小手拍得更欢了。

朵朵每一点进步都让我感到特别开心，这是朵朵学会挥手说再见的动作之后，又一个让我惊喜不已的动作。拍手表示欢迎是我没有料到的，居然是主动拍手表示欢迎呢。当朵朵在我面前拍手的时候，我情不自禁地在她的脸蛋上亲了一下，小家伙更高兴了。

其实，朵朵在以前也在有事没事的时候喜欢拍手，只是总不能将手指伸直，每次都是握成半拳的样子拍，而且拍也拍不响，那时候也许只是一个无意识玩耍的动作，根本与表示欢迎这样的意思毫不相关。但是现在不一样了，朵朵拍手的动作超级标准，不仅手指头全部伸直了，还发出了清脆的响声，最重要的一点是明白了拍手就是表示“欢迎”。

1岁左右的孩子，已经进入到了模仿时期，大人的一举一动、一言一行他都会试图去模仿。而拍手表示欢迎这一动作就是朵朵模仿着奶奶学来的。为了帮助朵朵加深理解这一动作的含义，只要有人进门，我们就教朵朵一边拍手一边说欢迎，这样不仅锻炼了肢体协调能力，而且还有利于语言和人际交往能力的发展。

学会这一动作没多久，朵朵就有机会将其运用到生活中了。

朵朵11个月的时候，一位朋友打电话说要带着小孩子来家里做客。在家里准备迎接朋友的时候，我对朵朵说："一会儿有一位阿姨带着小朋友要来我们家玩，朵朵记得拍手欢迎他们哦！""拍手"二字一出，朵朵马上下意识地举起两只手拍了起来，嘴里还呀呀叫着，似乎在说着"欢迎欢迎"。不一会儿，门铃响了，朵朵赶紧颠颠地跑了几步，眼睛直盯着门口看。我开门后朋友带着儿子来了，寒暄几句过后，朋友向朵朵打招呼说："小朵朵，你好啊！"我微笑着对朵朵说："朵朵欢迎阿姨和小朋友来家里做客。"朵朵马上用自己的小手拍了起来，朋友忙夸赞说："朵朵真乖。"我说："朵朵欢迎小朋友吗？"小家伙竟然点点头，哇，朵朵什么时候又学会点头表示欢迎这个动作了，我真是又惊又喜。不一会儿两个小家伙坐在一起玩起来，还不时地发出咿咿呀呀的声音。

人际交往是孩子人生中重要的一课。其实在他们很小的时候就表现出与人交往的需要，比如，当妈妈喂奶时，妈妈用"咯咯"的声音与他交流，孩子的眼睛就会一直看着妈妈；孩子在八九个月的时候就非常喜欢和其他小伙伴交往，即使不认识，只要碰在一起，也会相互抓摸，表示亲热；再大一点儿的孩子会和小伙伴一起用语言交流，寻找共同的乐趣……而且当孩子的这种交往需求得到满足时，往往显得特别兴奋。因此，爸爸妈妈应正确认识孩子与人交往的需要，有意识地创设交往的条件，满足孩子情感上的需要。爸爸妈妈在教孩子与人交往的同时，也要教会孩子一些基本的交往礼节和交往技巧，以便让孩子人际交往这种基本智能得到更好的发展与体现。

朵朵在2岁时，就充分展现出她善于交往的能力。一天很多小朋友在一起玩跳格子的游戏。后到的丁丁一个人默默地站在一个小角落里，眼巴巴地望着其他小朋友开心快乐地玩游戏，既羡慕又期待，可是他却不敢主动加入他们的队伍。

正当大家玩得不亦乐乎的时候，朵朵一回头看见了一旁怯生生的丁丁，本以为朵朵会装作没看见继续玩游戏，但出乎我意料的是，她竟然停下来，笑眯眯地看着丁丁，双手拍起来，嘴里说："欢迎丁丁，欢迎丁丁。"其他小伙伴一听，顿时都停止玩游戏，也跟着朵朵拍手欢迎起来，丁丁见状，移动着脚步慢慢地向他们走来，似乎有疑惑："我真的可以加入吗？"朵朵使劲儿点点头，以示丁丁是受欢迎的。有了这样的肯定，丁丁终于鼓起勇气和小伙伴们开心地玩了起来。

后来回到家里，我充分肯定了朵朵的做法，并给予鼓励，表扬了朵朵的礼貌行为。

也许是比较会处理小伙伴们之间的关系和情绪的缘故，现在朵朵几乎成了小朋友们中间最受欢迎的人了，每天都会有同伴找她玩，不管是乐观外向的，还是沉默内向的，都能和她愉快地打成一片。

人际交往是一种综合能力的体现，一个善于交往的人往往在其他方面都不会很差劲儿。一个有交往意愿的孩子，如果缺乏交往的经验和技巧，在交往中很容易受挫，所以，从小教会孩子掌握一定的交往技巧十分必要。朵朵用拍手表示欢迎这一简单的动作，就展现了自己与人交往的技巧。这一简单的动作不仅让丁丁感觉到别人愿意与他一起玩耍的意愿，让其有勇气走入大家的中间，而且还感染了身边其他小朋友。

2 岁左右是培养孩子人际交往能力的关键期。因此，爸爸妈妈在此阶段就应该让孩子在交往中学会使用一些礼貌用语和礼貌动作，告诉孩子只有懂得礼貌的人，别人才愿意和他一起玩耍。如果你还是觉得无从下手的话，那就不妨先从拍手表示欢迎、挥手表示再见等动作开始吧！

妈妈有话说

彬彬有礼的孩子，在与人交往中往往占据着优势，不仅可以无隔阂地接近别人，同时也可以让别人亲近自己。所以，有心的爸爸妈妈可以在孩子牙牙学语时就开始教他一些简单的礼貌动作和礼貌用语，比如，拱手表示“谢谢”，挥手表示“再见”，摇头表示“不要”等。从小教孩子礼貌用语不但能增进亲子关系，还能事半功倍地推动孩子各方面的健康发展，尤其是与人交往方面的发展。

专家方案

礼貌待人并不只是一种外表形式，而是沟通人们之间友好感情的一道桥梁。如果一个人能自觉地做到礼貌待人，不仅能使人与人之间的关系更加纯洁和美好，而且还可以避免和减少某些不必要的个人冲突和矛盾。而一个独立的人要在社会上生活，总避免不了和各种各样的人交往，学会礼貌待人，恰当地运用礼貌用语和肢体动作，可以使人际关系更上一层楼。因此，教孩子学习礼貌，应该尽早开始，哪怕只是一个简单的肢体动作。

1. 爸爸妈妈可以适当地教孩子做一些表示礼貌的肢体动作。

2. 爸爸妈妈要多给孩子提供接触他人的机会，为正确使用礼貌性动作做铺垫。

陌生人其实并不可怕

很多爸爸妈妈有这样的疑惑：孩子在家里时有说有笑、蹦蹦跳跳的，非常活泼，但是家里一来陌生人或者换个环境，孩子就表现得很怕生，总是扭扭捏捏，让他向叔叔、阿姨问好，就会很害羞地躲到爸爸妈妈的身后，有的甚至大哭大闹，让爸爸妈妈很尴尬。

孩子出现这样的表现，其实与平时接触的生活环境有着极大的关系。一般情况下，孩子在五六个月的时候就能分辨出爸爸妈妈、爷爷奶奶等身边亲近的人了。当他处在陌生的环境，面对陌生的人或者遇上没有经历过的事情时，往往会不知所措，于是就很胆怯地躲避起来，或者通过哭泣来发泄自己害羞的情绪。

从朵朵五六个月开始，我就带她开始接触陌生的人。记得第一次带着朵朵到隔壁邻居家串门，当隔壁的阿姨要抱朵朵时，朵朵很快把脸转了过去并趴到我的肩膀上，两只胳膊紧紧地抱着我的脖子，不愿意让阿姨抱。但是，见过第一次之后，朵朵的脑海里对隔壁的阿姨就有了一个模糊的印象，接触的时间久了，对阿姨的陌生感也就消失了，当再次去隔壁家时，阿姨说："乖孩子，让阿姨抱一抱。"并张开手做出抱的动作，朵朵也会马上张开手让阿姨抱。

对于朵朵，我带她接触的不仅仅是常见面、常打招呼的人，我还坚持每天带着她到公园、广场等公共场所活动，让她见见很多从未见过的人，偶尔还教她与爷爷奶奶、叔叔阿姨、同龄小伙伴等打招呼。也许是接触陌生人的机会比较多，朵朵从小不惧怕见到陌生人，不管和谁只要几分钟就可以成为无话不谈的对象，甚至有时候遇到不认识的人，还会主动和人家打招呼。

朵朵2岁时，有一天从公园里回家的路上，我准备在一个水果摊上买水果，当我挑选水果的时候，又来了一位女士也要买水果，朵朵看见后，跑到人家面前，用稚嫩的语气问："阿姨你买水果？"那位女士放下手中的水果，摸了摸朵朵的头发，笑眯眯地说："是呀，你也买水果？"朵朵很认真地回答说："嗯，妈妈在买。""真是个讨人喜欢的孩子。"一听夸赞，朵朵顿时高兴地蹦起来，说："阿姨你挑水果吧。"

幼儿期是孩子性格形成的关键时期，在这个时期，爸爸妈妈应鼓励和帮助孩子跨过怕见陌生人这道影响人际交往的障碍，让他喜欢见到陌生人，喜欢和陌生人交流。

那么怎样让孩子克服怕见生人的心理障碍呢？

首先给孩子一段接触陌生人的适应时间。孩子在刚开始接触陌生人时，或多或少总会有一些抵触情绪，爸爸妈妈不妨在孩子还没有熟悉前，先给孩子做做"工作"，让他有一定的心理准备。比如，家里要来客人，妈妈先告诉孩子有人要来，是阿姨还是叔叔，是来做什么的等；如果是带孩子外出见陌生的人，可以告诉孩子这是谁，先打个招呼等，以消除孩子的恐惧心理。需要注意的是：对于第一次见到的陌生人，尽量不要让其突然接近孩子，尤其不要勉强孩子接受，以免孩子受到惊吓而更加怕生。

我遇到过这样一位妈妈，觉得在这方面她处理得非常好。

那天我遇到她们母子俩时，她让儿子和我打招呼，但孩子因害羞不愿意说话，并且躲到了妈妈的背后，从缝隙里偷偷地看着我。这位妈妈并没有勉强孩子和我说话打招呼，而是用很平静的态度和我谈起了别的事情。没过多一会儿，小家伙不知不觉地就自己玩了起来，对我没有了刚才那种陌生感。临走时还向我挥挥手说："阿姨再见。"

其次现在家庭中大多数为独生子女，居住方式也是以独门独户为主，无形中减少了孩子与他人接触、互动的机会。很多爸爸妈妈认为将孩子的一切都安排好，事事为他们代劳，为他们提供优越的物质环境，这样孩子就会成为最幸福的人。殊不知，孩子在成长的过程中，每时每刻都要接触形形色色的人。而一个很难接触到很多人的孩子，见到不认识的人必定会害羞、怕生，从而间接影响孩子日后与人相处、交往。所以为了锻炼孩子，平时可以带孩子多到朋友家拜访或者邀请朋友到家里做客，在孩子稍大一点儿后还可以参加一些活动，以增加孩子与他人交往的机会。

在这一点上，我刚开始的做法是和朵朵一起玩各种角色扮演游戏，有时候玩医生和护士，有时候是顾客和售货员，有时候是司机和乘客，有时候是路人和清洁工……通过游戏，朵朵接触到了各行各业的人，在对话和行为上还增加了与不同人的交往经验，为其在生活中真正实践打下良好的基础。

要鼓励孩子多与同龄小伙伴玩。平时可以带孩子到小朋友聚集的地方，做游戏或者参加团体活动，让他们相互追逐、相互嬉戏，为孩子拓展人际关系及社交天地，增加交往机会。

此外，要多给孩子表现自己的机会。怕生的孩子，不管做什么事情，总是缩手缩脚躲在别人的后面，表现的机会少了，孩子的自信心就会变得越来越弱了，怕生的习惯也就越来越严重了。为了改变孩子的这一坏毛病，爸爸妈妈不妨多给孩子提供一些表现自我的机会，让他们自信满满。如唱歌、画画、跳舞、背儿歌、搭积木等都可以成为孩子的表演项目。无论孩子表演的结果好坏，都要给以鼓励和掌声，因为别人的肯定和赞誉是孩子获得自信的源泉，是孩子一次愉快的经历，也是改变孩子怕见生人的良药！

帮助孩子克服认生的心理，最重要的是爸爸妈妈的帮助。只要爸爸妈妈有足够的耐心、理解和帮助，相信很快就会看到一个活泼开朗、热情大方的孩子。

妈妈有话说

孩子怕生是五六个月开始的一个规律性现象，也可以说是孩子成长过程中的一个年龄特点。但是以这个阶段为分界线，往后在与人交往的过程中，有的孩子依然很怕生，而有的孩子则不那么怕生，表现出了孩子之间的个别差异。所以，从孩子五六个月的时候开始，爸爸妈妈就要有意识地让孩子与他人接触，帮助孩子克服怕生的心理。

专家方案

遇见热情大方、嘴甜会说的孩子，总会有一种说不出的喜爱，而且这样的孩子特别喜欢与不认识的人交往，往往在片刻之间就会与陌生人打成一片。哪一个爸爸妈妈不想让自己的孩子成为一个人见人爱的孩子？那就帮助孩子成为一个这样的人吧！

1. 爸爸妈妈多给孩子创造一些接触陌生人的机会，增加孩子与他人交往的时间。

2. 在接触陌生人之前，爸爸妈妈要给孩子做好心理准备，让孩子有一段适应时间。

3. 多和同龄小伙伴接触、玩耍，让孩子们在玩耍的过程中学会交往。

4. 给孩子一个表现自我的机会，增加孩子在他人面前的自信。

不同的表情，不同的心情

朵朵四五个月时，当她醒着的时候，我就会对她做各种表情。有一次我抱着朵朵，然后对着朵朵吐舌头，朵朵的目光马上被我的舌头吸引，紧紧地盯着我的嘴巴看，慢慢地朵朵的小嘴巴也微微张开了，这时我将舌头又慢慢地缩回去，抿住了嘴，朵朵的小嘴也慢慢地合拢起来。她的目光始终没有离开我的嘴巴，似乎在等待着舌头再次出现，于是我又慢慢地把舌头吐出来，朵朵见此情景，高兴地在我的怀里乱蹦，然后试着把自己的小舌头伸出来。

突然我改变了自己的表情，由吐舌头变成了鼓起腮帮子，同时瞪大眼睛，然后将朵朵的两只小手放在我鼓起来的腮帮上，并让朵朵的手轻轻地按压我的腮帮子，我再噘起嘴巴吐气。朵朵见状更是兴奋不已，在没有我引导的情况下，就主动把两只小手放在了我的腮帮子上，为了配合朵朵，我又鼓起腮帮子，和朵朵一起玩起来。

当朵朵对挤压腮帮子失去兴趣之后，我赶紧接着玩下一个表情，就是让朵朵抓我的耳朵，当朵朵抓住后，我就对着孩子吐舌头，朵朵的兴趣一下子就被调动起来了。

爸爸妈妈在和孩子玩吐舌头这个表情时，吐舌头的速度一定要慢，从嘴里慢慢地把舌头伸出来，这样孩子就可以完整地观察到妈妈吐舌头的全过程，模仿起来也比较容易。与此同时，为了吸引孩子的注意力，爸爸妈妈要多和孩子说话，让孩子在快乐中模仿自己的表情。当然，玩耍时，时间不宜太长，三五分钟即可，孩子的注意力有限，不可能长时间将注意力停留在某一物体上，时间太长不仅吸引不了孩子的注意力，还会让孩子产生抵触情绪。所以，爸爸妈妈可以选择每天和孩子玩，一次玩的时间不要过长。

孩子在理解和模仿之前，首先理解的是语调和表情，所以日常生活中爸爸妈妈的表情对于孩子的情感学习起着非比寻常的作用，而孩子在不会说话这个阶段，爸爸妈妈要经常和孩子交流玩耍，让他们认识各种各样的表情，为将来从表情中理解别人的交往意愿打下基础。

朵朵五六个月时，似乎对家里每一个人的表情都很好奇，总是喜欢用眼睛直勾勾地盯着大人看，而且我们的一举一动都会引起朵朵极大的反应。由于这个阶段，朵朵并不能理解每一个表情到底蕴含着怎样的意义，所以，不管是高兴的表情，还是不高兴的表情，也许在她的眼中都是一样的。为了迎合朵朵这一兴趣，朵爸经常会在朵朵的面前扮鬼脸，一是逗她玩耍，二是可以让朵朵认识各种表情中所蕴含的不同含义。

由于孩子对小动物的认识要比认识其他事物要早，所以父母扮演动物的各种表情无疑对孩子更具有教育作用。有时候朵爸模仿老虎说："我是大老虎，啊呜……"与此同时做出老虎的表情——张大嘴巴，瞪大眼睛；有时候是模仿小猫，说："我是小猫咪，喵喵……"同时把眼睛眯成一条缝儿；有时候扮演老鼠，说："我是小老鼠，吱吱……"同时将眼睛、鼻子、嘴巴、眉毛挤在一起。朵爸扮各种动物的表情引逗朵朵发笑。每次模仿各种表情后，朵爸就会鼓励朵朵说："朵朵学一学。"朵朵就会张大嘴巴，瞪大眼睛，对着爸爸"啊呜……"

在给孩子扮各种表情、鬼脸时，表情可以尽量做得夸张，让孩子容易观察，容易模仿，但是不要太恐怖，以免给孩子心理造成不良的影响。通过观察动物的表情，朵朵明白了各种表情表达的意思是不同的，这为其将来能更好地观察人的表情做一个很好的铺垫。与此同时，这个阶段也正值孩子学习语言的关键时期，爸爸妈妈可以在教孩子观察表情时，鼓励孩子发音，一开始孩子的发音不是很准确，爸爸妈妈千万不要急着去纠正，更不要批评或者责备，而是要多多鼓励孩子模仿发声，增强孩子的自信心。

除了和孩子模仿动物的表情之外，生活中爸爸妈妈也要让孩子多了解一些人的表情，如生气的表情、哭的表情、笑的表情、惊讶的表情……这些不断变化的表情，可以让孩子对表情的认识更为深刻。时间长了，就知道每种表情背后隐藏着的信息，比如，微笑的表情表示高兴；生气的表情表示不高兴；哭的表情表示很伤心……这有利于孩子及时地识别他人的情绪，为将来掌握好良好的社会交往能力、语言运用能力奠定初步的基础。

随着朵朵长大，生活阅历越来越丰富，对于生活中各种表情所隐藏着的意义也了如指掌，能够根据观察爸爸妈妈的反应判定哪些事情是对的，哪些事情是错的，有时候还能够根据别人的表情左右逢源，有时候我生气了，她也会低下头表示自己认错；有时候我哈哈大笑，她也会跟着哈哈大笑……

朵朵1岁时，总喜欢把看见的东西往嘴里塞，不管能吃不能吃，我觉得这样既不不卫生，又不安全，所以很多时候都要阻止。记得有一次，朵朵抓起不小心掉在地上的纽扣，就往嘴里塞。我看见后把纽扣要过来放在了她够不着的地方，这时小家伙不依了，哇哇大哭起来，边哭边用可怜的眼神看着我，我没有理她。见装可怜这招不管用，朵朵哭声减弱了，一边抽泣一边爬到我的腿上叫："妈妈、妈妈。"我把她抱起来，一边帮她擦眼泪，一边说："那个东西不能吃的。"朵朵点点头说："不吃。"我笑着说："对，这才是好孩子。"见我笑了，朵朵也乐了。瞧，小家伙多聪明啊，这么小就懂得观察别人的表情。

教孩子观察更多的表情，加深对各种表情的理解和运用，还可以通过游戏的方式来引导。当然，在游戏之前，爸爸妈妈要把将要学到的表情"表演"

给孩子看，让他心里有所认知，才会表演得更到位，玩得更有乐趣。

朵朵开始要和我一起玩学表情的游戏了。先是我问她："吃了辣椒什么表情？"她就会张大嘴直哈气；"吃柠檬是什么表情？"她就会把五官皱到一起，还用小手捂着嘴；"吃糖果是什么表情？"她就会眯着笑眼，边咀嚼边点头。一直都是我问问题，朵朵表演各种表情，但朵朵似乎对这样的玩法腻了，嚷嚷着要和我换着玩，她问："妈妈，吃了辣椒什么样？"我就开始表演……到后来朵朵会让我表演吃果冻、巧克力、糖果、苦瓜等每一样表情。在游戏中朵朵丰富了认知，提高了社会性，为其以后的人际交往迈好坚实的一步。

妈妈有话说

孩子在理解和模仿词义前，首先理解的是人的面部表情和语调，他从中可以知道哪句话是表扬的，哪句话是批评的。所以在日常生活中，教孩子看懂大人的表情，对其情感学习起着非同寻常的作用。

专家方案

让孩子学会通过看人的面部表情来判断人的情绪，从而纠正自己的行为，不断学习与人交往的技巧。

1. 爸爸妈妈用各种表情逗孩子玩耍，从而让他对表情有个初步的认识。

2. 如果有时间，爸爸妈妈可以和孩子玩各种表情游戏，从游戏中让孩子了解每种表情所代表的意义。

3. 爸爸妈妈可以利用生活中或生气或高兴的事情让孩子感受不同表情蕴含的意思，加深理解。

笑，拉近与他人的距离

微笑是人类最基本的动作之一，也是人类表达感情最温柔的手段，它和语言一样，能够让人们互相沟通和传递感情。一般情况下，孩子出生的第10天～20天或者更早的时候就会微笑，但这时的微笑与外界的刺激没有任何关系，是突然之间出现的。到一两个月时，当妈妈和他说话并且对他微笑时，孩子就会以微笑来回应，和妈妈互动。

朵朵1个半月时，每次给她喂奶时，我一边笑一边说："朵朵饿了，要吃饭了。"小家伙就会一边吸奶一边用眼睛盯着我的脸看，如果我给她一个微笑，她就会稍停一下吸奶的动作，嘴角慢慢向上，露出一丝微笑。有时候朵爸会在旁边搞一点儿恶作剧，微笑着叫朵朵的名字，这时她的笑更是让我们感觉很奇怪，她把眼睛眯得弯弯的，像两个月牙，眼珠斜视着某个方向，嘴角慢慢地向相反的方向露出笑，笑起来显得有点儿邪气。也许这不易察觉的微笑就是朵朵和爸爸妈妈最早的互动方式了吧。

到了2个月时，朵朵的笑容更加明显了，嘴角向整个脸部延展，可爱极了，从这个时候开始，我和朵爸特别喜欢逗她，有时候是做一些简单的面部表情逗她笑，有时候是边摇玩具边逗她笑，有时候是用发声的方法逗她笑。到了3个月时，朵朵的笑竟然能发出声来了。

记得那一天，我像往常一样，和躺在摇篮里的朵朵说话，扮鬼脸。我把舌头吐出来来回摇摆时，小家伙竟然从喉部发出了“咯咯”的声音，我以为听错了，于是迫不及待地又做了一遍动作，没想到朵朵又发出了“咯咯”的笑声。哇，小朵朵终于可以用声音和妈妈互动了！

朵朵在4个月的时候，她会用迷人的微笑向我们邀宠，而我也会报以微笑。

笑是孩子与人交往和表示自己快乐的一种方式，孩子在三四个月的时候笑是受外界刺激而产生的笑，从这时开始，孩子就特别喜欢有人在身边和自己说话、微笑，给予他们充分的爱。而且孩子用微笑的方式和身边的人互动，博得他人的喜爱，建立起了与生活中重要人物之间的感情联系，实现了感情互动。

生活中，我们看见爱笑的孩子，总是很喜爱。而且爱笑的孩子长大后大多性格开朗，有乐观稳定的情绪，这非常有利于其发展人际交往能力，使其更乐于探索，好奇心强，学到更多的知识，从而更有利于孩子的智力发展。

微笑是孩子交际能力强弱的一种体现，一个始终不会笑、表情木讷的人，只会让人感到不舒服，敬而远之。所以，要想让自己孩子成为一个讨人喜欢的人，那么培养孩子用微笑与他人互动也是很必要的。

由于朵朵从小接触到的陌生人比较多，基本对陌生人没有什么畏惧心理。每次遇到不认识的人，人家逗她，她就会两眼一眯，嘴角向上一翘，咯咯地笑起来，有时候还要用小手摸摸对方的脸。随着年龄的长大，她会见人就笑，如果遇见她喜欢的人，更是会张开双手让别人抱一抱，甚至还会和别人咿咿呀呀说上几句呢。成为一个人见人爱的小姑娘。

孩子的交往能力越来越受到爸爸妈妈的重视，也成为爸爸妈妈间非常关心的话题之一。而孩子的人际交往能力绝大部分都是来自家庭中爸爸妈妈的言传身教，所以，爸爸妈妈应为孩子创造一个和谐健康的家庭环境，不要放过有利于孩子社交活动的每一个嬉戏的活动。

妈妈有话说

刚出生不久的孩子就已经拥有了丰富的感情，而且通过不同的方式表现出来。比如，有的孩子用自己的眼睛来传达情绪，有的孩子用微笑与妈妈互动，有的孩子用声音来传达喜怒哀乐……但不管是哪一种，爸爸妈妈都要注意观察，多和孩子互动，让他们成为一个爱笑、爱和人互动的快乐孩子。

专家方案

孩子来到这个世界上，需要爸爸妈妈的悉心照顾。爸爸妈妈需细心观察和体验孩子各方面的特点，来理解他们的感情和需求，并给予正确的处理。当爸爸妈妈和孩子进行情感交流时，尽管还不会说话，但是孩子会用微笑来表达他的愉悦。因此说，孩子和爸爸妈妈的互动与交流是从微笑开始的。

1. 爸爸妈妈要利用照顾孩子的时间，和孩子交流互动，引发孩子用笑来互动。

2. 爸爸妈妈要学会调节自己的情绪，在家时要尽量轻松、愉快，为孩子创造一个可以放声嬉笑的环境，让他在笑声中快乐地成长。

3. 爸爸妈妈多带孩子接触他人，让孩子多与别人互动，发出自己的微笑。

和小朋友们一起做游戏

孩子 1 岁以后，随着肢体运动的迅速发展，运动的空间也随之扩大，自我意识开始萌芽，不过这个时候他们还不能区分自己与别人的情绪和情感。到了 2 岁以后，孩子就开始喜欢和其他小朋友一起玩耍了，内心里渴望与其他小朋友一起做游戏。

玩是孩子的天性，也是一个实践的过程、学习的过程。孩子在玩耍的过程中，有很多游戏，如藏猫猫、跳皮筋、过家家等需要与别人的配合才能进行，而有些游戏则需要遵守一定的规则才能顺利进行。所以，在玩耍中孩子需要其他小伙伴的配合，需要友谊，而这些是爸爸妈妈常常无法满足的，因此这个时期，爸爸妈妈应鼓励孩子同其他小朋友一起玩耍。通过玩耍不仅可以让孩子学会怎样同别人合作，而且还可以加强与小朋友之间的友谊，养成良好的社交习惯。

朵朵在上幼儿园以前，由于我和一位朋友同住一个小区，孩子年龄相仿，所以经常带着孩子相互串门，在孩子的教育问题上进行交流，这使得朵朵和朋友的小孩佳佳从小就在一起玩耍，彼此间也有了比较融洽的友谊。

在朵朵快 3 岁的一个星期天的早上，我带着朵朵在小区的花园里散步，正巧遇到佳佳在草坪的附近不知摆弄着什么，朵朵看见后，马上撇下我跑到佳佳的跟前，问佳佳：“你在干什么？”佳佳玩得正起劲儿，头也不抬地说：“我在抓蚂蚁。”朵朵蹲下身子，看着玩得聚精会神的佳佳，然后用询问的口气说：“我可以和你一起抓吗?”佳佳高兴地说：“好啊!”只见两个小家伙头顶着头抓起了蚂蚁，可是不管怎么弄，蚂蚁就是不进瓶子里，她们把瓶口朝向北面，蚂蚁就转头从东跑，她们把瓶口朝向南面，蚂蚁又转身从西跑。佳佳妈妈说：“抓蚂蚁很简单啊，用手把它捏进瓶子里不就可以了。”可是两个小家伙抓之前，说好了规则，就是让蚂蚁自己跑进瓶子里，不能用手抓。

正当佳佳气急败坏准备用手捏的时候，朵朵拦阻她说：“佳佳不要抓，我有办法。”佳佳一听很高兴，忙问：“什么办法?”朵朵说出了自己的方法：佳佳拿着瓶子，并保持瓶口朝一个方向，然后朵朵用草叶子赶蚂蚁，迫使蚂蚁不得不钻进瓶子里。方法一出，两人便开始合作起来，不一会儿的工夫，瓶子里真的钻进好几只蚂蚁。看着这一幕，我心里特别高兴，没想到朵朵与佳佳玩耍中，懂得合作才能完成的道理，真不能小瞧她的人际交往能力!

朵朵和佳佳的通力合作使得整个玩耍的过程圆满、快乐。从朵朵有了交朋友的愿望开始，我就很留心帮她找玩伴，会经常约几个好朋友带上各自的孩子一起去郊外或山上野营，孩子们在一起玩耍的时间久了，彼此就没有了陌生感，玩耍起来十分开心。现在，她早就自己学会了一套处理与其他小伙伴关系的方法。

由于当今大部分都是独生子女家庭，孩子除了爸爸妈妈、爷爷奶奶、姥姥姥爷等身边亲近的人和一堆五花八门的玩具之外，接触外面小朋友的机会少之又少，有的爸爸妈妈怕孩子被其他小朋友欺负，有的爸爸妈妈怕孩子在玩耍时受到伤害，所以很少让孩子同其他小朋友一起玩耍。其实，这种溺爱的方式很不利于孩子健康成长。作为爸爸妈妈应积极为孩子创造条件，让孩子多认识外面的小朋友，甚至主动帮他找玩伴，多与小朋友接触、玩耍，这也是培养孩子健康成长的一个重要手段。在与小伙伴玩耍的过程中，孩子需要不断地沟通，不断地对话，以便游戏更好地进行下去，在他们相互之间用语言交流的同时，语言表达就会越来越流畅，越来越有技巧，越来越有水平，进而与小朋友交往起来就会如鱼得水，没有任何障碍。很难想象一个没有玩伴的孩子性格发展会是怎样的，所以爸爸妈妈千万别忽视孩子群体生活的必要性。

我曾经遇见过一位妈妈，说她家孩子在2岁的时候，有了认识其他小朋友的欲望。每次听到有小朋友“叽叽喳喳”地从楼道里走过时，就会情不自禁地打开门伸出小脑袋看一看；每次在广场里玩耍后准备回家时，总是恋恋不舍地望着其他小朋友。但由于孩子不够勇敢，认识小朋友的欲望总是很难满足。有一次还专门邀请一些孩子到家里一起玩，由于自家孩子不会与小朋友们处理关系，总是弄得孩子们又哭又闹，效果不是很好。这位妈妈为此很是苦恼，不知该怎样帮助孩子认识其他小朋友。

孩子能交到新朋友，并能与其他小朋友和睦相处，是一种能力。对于孩子来说最好的学习方法就是实践，主动与同龄小朋友认识、玩耍，学习怎样处理与小朋友之间的关系。所以，孩子在2岁时，爸爸妈妈就可以着手培养孩子交朋友的能力了。

在朵朵还不到1岁时，外面天气暖和的时候，我就经常抱着她到公园里、广场上玩耍，认识形形色色的人，多创造一些认识、接触小朋友的机会。如果遇到和她一般大的孩子，我就会对她说：“你看那个小孩子，朵朵和她打个招呼。”然后拿起朵朵的小手向小伙伴摆一摆，说：“你好啊！”看见比她大的小朋友跑来跑去地玩，我就会对朵朵说：“你看，哥哥姐姐们玩得多开心，朵朵和他们说，等我长大了也要和你们玩。”这样的经历，为朵朵将来勇敢地与小朋友们玩耍奠定了良好的基础。

爸爸妈妈不能替孩子交朋友，但是可以帮孩子找朋友，比如，经常有意识地把住在附近的小朋友邀请到家里，或鼓励孩子邀请邻居家里的孩子一起玩耍，接触的时间长了，认识的时间久了，他们自然会成为好朋友，在与小伙伴玩耍、交往中丰富孩子社会知识，培养孩子与人交往的能力。

两三岁的孩子占有欲特别强，自己的东西很不愿意与小伙伴分享，往往到了令爸爸妈妈无法忍受的吝啬程度，其实对于这个年龄段的孩子来说，这是一个十分正常的现象，同时也是教孩子理解分享的最好时期。

朵朵3岁的时候，我专门为她在家里举办了一个小型的家庭音乐会，而且还买了许多好吃的东西，邀请附近的几位小朋友一起参加。其中有很多小朋友也特别喜欢唱歌，就让他们轮着唱，气氛相当好，孩子们玩得非常愉快。

在音乐会的过程中，朵朵的表现非常好，像一个小主人一样招呼着其他小朋友。我鼓励朵朵说："这些好吃的都是用来招待小朋友们的，朵朵可以把它们分给每一位小朋友吗？"朵朵高兴地点点头说："好的。"然后就像小主人一样，把好吃的分发到每一位小朋友的手里，只见其他小朋友接过好吃的后，高兴地说："谢谢朵朵！"令朵朵更加乐意将食物给小伙伴们分享。

通过这次音乐会，不仅让朵朵学会了怎样招呼客人，同时也锻炼了她待人接物的能力。这对朵朵以后步入学校与小伙伴们相处是很必要的。

孩子们在一起玩集体游戏是以某种相对固定的方式活动，这样他们可以彼此影响、相互促进，形成一种特殊的文化氛围。如果缺少集体生活，没有了游戏的快乐，不仅会使孩子们的自由和想象力丧失，社会交往能力也会变得很差。爸爸妈妈应主动帮孩子找玩伴，让他们认识更多的小朋友，有充分的时间和小朋友们一起交流，得到更多交往机会，体验到和同伴交往的乐趣。

妈妈有话说

孩子交到新朋友是一种能力，是需要爸爸妈妈在生活中培养的。在和小朋友接触的过程中，为了满足孩子的这种需求，爸爸妈妈可以先在家庭游戏中教会孩子学习与人沟通交往的能力。通过游戏，孩子能够学会与他人分享快乐，遵守游戏规则，礼貌地对待伙伴，为真正接触小朋友做准备。所以，爸爸妈妈不妨试一试通过游戏的方式培养孩子交朋友的能力。

专家方案

1. 2岁后，孩子越来越喜欢和同龄的小伙伴玩耍了，他们将会有更多的机会去锻炼社交能力。但是作为爸爸妈妈还是要坚持帮助孩子，为孩子创造条件，鼓励孩子同其他孩子一起玩耍，甚至主动帮助孩子找玩伴。

2. 爸爸妈妈要教孩子一些与小朋友们玩耍和交往的技巧。让孩子更友好、更开心地与其他小朋友一起玩耍。

勇于承担责任

经常会遇到这样的情形：孩子走路摔倒了，妈妈赶紧扶起孩子，指着路边的石头教孩子骂“石头是个坏人”；玩耍时，孩子摔碎了杯子，奶奶边收拾边责备杯子“谁让你掉下去了”；吃饭时，孩子不愿意吃，妈妈怪爸爸吃饭前给孩子吃东西……虽然孩子的摔倒、摔碎杯子、不愿意吃饭等都不算什么大问题，更不是什么错误，明明是因为自己不小心而摔倒、打碎，为什么要把这个“过错”归罪于石头或者杯子呢？

这一切看似在爱孩子，呵护孩子，其实这是在教育孩子推卸责任。试想，一个从小就不懂得承担责任的人，日后该怎样在社会中立足？

爸爸妈妈应该懂得：从孩子呱呱坠地的那一刻起，他就是一个独立的人，孩子的成长不仅有智力和身体方面，而且还有人品和人格方面。而孩子犯错误，是其成长中必经的体验。管教孩子，不等于竭尽全力不让孩子犯错误，孩子犯错误，不等于爸爸妈妈教养失误，更不等于孩子的成长有问题。所以，爸爸妈妈要教育孩子从小对自己的行为负责，勇于承担责任，让责任与成长同行，而不是替孩子承担一切后果，否则容易给孩子提供逃避责任的机会，淡化孩子的责任感。

培养孩子的责任心要从小事做起，这样既符合孩子的认知特点，又可以起到教育的作用。细节决定成败，在引导孩子成长的路上，爸爸妈妈绝不能放松任何一件小事，要让孩子从小事做起，从点滴做起，成为一个有责任感的好孩子。

记得朵朵两三岁的时候，非常喜欢到附近儿童乐园玩转椅、滑梯、小火车等玩具，因为儿童乐园并不是免费的，所以我和朵朵去一次买一次票。后来工作人员介绍，如果办一个会员卡，不仅可以一次性买好几次的票，而且还可以享受八折的优惠。我想到朵朵玩耍的兴致颇高，就一次性买了很多票。在回家的路上，我灵机一动，觉得可以用这些票来培养女儿的责任心，就把这些票交给朵朵保管，每次到游乐园玩耍，我只负责带她到入口处，票的事情就由她解决。

有一次，朵朵嚷嚷着要去游乐园玩耍。出门前，我提醒她："把票带好了。"结果朵朵找了大半天都没有找到票放在哪儿了。票找不到了，朵朵想玩的心理并没有丝毫减弱，我至今都忘不了她看着我那种期冀的眼神，希望我能重新给她买票。其实买一张票也就是几元钱的事情，而且那样做朵朵也会很高兴，但是为了让她学会勇于承担责任，我并没有满足她的愿望，而是故作轻松地说："找不到票就不要去玩了，妈妈今天不准备再买票。"我并没有责怪朵朵把票弄丢了或者没放好之类，毕竟一个不到 3 岁的孩子，第一次保管东西，她还没有经验。但是我也没有按照她的愿望去买票，因为我想要让她知道，票既然已经交到她的手里就应该由她负责，现在找不到了就应该承担责任，承担后果。

不过朵朵并没有放弃，而是继续不停地找，终于在一个小盒子里找到了票，高兴地对我说："妈妈，在这里！"我故作惊讶地说："哇，朵朵真厉害！居然找到了，那咱们去玩吧。"朵朵高兴地说："嗯。"这时，我又不失时机地教育她："下次记得要把票放好啊。"朵朵很认真地点点头说："知道了，我以后会放好的。"

通过这件事情，让朵朵明白什么是责任，让她学会了要对自己的行为后果负责，这对日后养成可贵的责任心有很好的教育作用，让其更好、更独立地应对生活的考验。其实，在培养孩子责任心的过程中，无论事情的结果是好是坏，只要是孩子独立行为的结果，就应该鼓励和引导孩子勇于承担责任。但千万记住的一点就是，不要因为孩子的过错或失误而不分青红皂白地责骂孩子，而是要引导孩子，激发他们的责任心，鼓励他们为自己的错误勇于承担责任，或者给孩子解释的机会，弄清事情的原委。如果爸爸妈妈的做法使孩子一有失误就推卸责任，这样的教育显然就失败了。

这次教育无疑对朵朵是非常成功的，从那以后，不论让朵朵再保管什么东西，她都会很小心地放在一个地方，再也没有出现过遗失或遗忘的情况。

如今，大部分家庭都是独生子女，孩子像小公主、小皇帝一样被家里人捧着，有了爸爸妈妈这座大靠山，他们什么事都不用管，什么事都不在乎，他们认为天塌下来有爸爸妈妈替自己顶着、兜着，所以对自己的一言一行、所作所为，总是不放在心上，缺乏做人最起码的责任心和责任感。试想，这样的孩子将来对社会、对家庭会有责任感吗？因此，爸爸妈妈应让孩子从小意识到，自己的行为后果要由自己负责。比如，在吃饭时，孩子不肯好好吃饭，就先让他停止进食，爸爸妈妈用不着端着饭碗追着孩子去喂，等到他饿了以后再对他进行教育。让孩子对饥饿负一点儿责任是有教育意义的；如果孩子走路摔倒了，鼓励他自己站起来，并让他知道是自己不小心摔倒的，而不能责怪石头或者其他东西。

记得有一次，朵朵和一个小朋友约好周六上午8：00一起去玩滑梯，结果那天早上朵朵赖床不起，让那位小朋友在那里等了好长时间，导致人家不愿意和她玩耍了。朵朵为此很苦恼。其实小朋友之间的事情，如果我去帮她说情，肯定会化解，但我并没有那样做，因为我要让朵朵对自己的行为负责，让她通过这件事情认识到一个人应该为自己的行为负责，同时还能培养孩子遵守约定、信守承诺的品格。如果怕孩子受伤害，而无原则地溺爱，结果将会导致孩子漠视规则，轻视规范的约束力和缺乏责任心。

后来，朵朵拉着我，硬着头皮主动去那位小朋友家向他道歉，说自己不遵守约定是错误的，以后再也不会出现这样的事情了，希望人家能原谅她，继续和她玩耍。经过一番真诚的道歉，小朋友原谅了她，最后两个小家伙冰释前嫌、重归于好。从那件事情后，朵朵对什么事情都很上心，再没有出现迟到、失约的情况。

孩子犯了错误，爸爸妈妈先不要急于为他收拾残局，要引导孩子自己寻找补救的办法，这将促使孩子对自己的行为进行更多的思考，增强他们的责任感。假若孩子提出的办法不恰当，爸爸妈妈可以再提出一些补救的办法来引导他。要求孩子对自己的错误行为进行补救的最终目的，是教孩子发展自己内在的约束力，成为一个勇于承担责任的人。

妈妈有话说

如果孩子做错了，就要鼓励他勇敢地承担责任。因为一个勇于承担责任的孩子是受人欢迎的，可以为自己赢得赞许、信任、友谊等。勇于承担责任还可以使孩子摆脱自我中心，知道外面的世界并不能任自己为所欲为，学会更好地协调自己与外界环境的关系。

专家方案

爸爸妈妈从小教育孩子勇于承担责任，这需要的是一种智慧、一种力量、一种气概，只有让孩子能够承担起更多的责任，才能为他打下立足于社会的根基！所以，从孩子很小的时候就开始培养这种品质吧！

1. 爸爸妈妈对孩子责任心的培养应从孩子自身抓起，为孩子灌输责任意识，纠正不负责任的举动。

2. 爸爸妈妈应该成为孩子的导师，面对责任、后果，在孩子积极主动时应给予表扬鼓励，疏忽或漠视时应给予批评指正。

3. 爸爸妈妈放手让孩子自己处理过错，培养孩子的责任心，只有通过实践体验，才能真正培养孩子的责任心。

4. 爸爸妈妈要以身作则，为孩子树立榜样。爸爸妈妈对家庭、对社会负责任的严谨态度，会深深影响到孩子的做人做事。

独立解决与其他小朋友的冲突

两个小朋友在为一个玩具争夺不休时，爸爸妈妈们会急急忙忙地跑过来，一会儿劝这个，一会儿劝那个，费好大的劲儿才把两个小朋友之间的矛盾给平息下来；当两个孩子不知道因为什么扭打在一起，爸爸妈妈们闻声赶来，把孩子拉开的同时双方也争得面红耳赤，甚至大打出手，但是两个孩子却跟没事人一样又在一起高高兴兴地玩上了……

其实，同龄孩子在一起玩耍，发生各种冲突是很平常的事情，如“谁抢了我的小汽车”“谁推倒了我的房子”“谁打我”“谁不和我玩”等，诸如这些矛盾和冲突在小朋友们之间可谓是家常便饭，爸爸妈妈们完全不必把神经绷紧，搞得自己紧张兮兮的。既然孩子间的冲突在所难免，那么，为何不给孩子一个自己独立解决与小朋友冲突的机会？

从朵朵蹒跚学步到能和小朋友独立玩耍开始，我们就遵循着让朵朵自己处理与小朋友之间的矛盾冲突，让其在这个过程中逐渐学会怎样处理人与人之间的关系。所以，我们从不插手她与其他小朋友之间的冲突。

记得朵朵快3岁的时候，一次她主动邀请同在一个小区、经常一起玩耍的明明来家里玩耍，也许是两个人一起玩，刚开始兴致和劲头都比较高，做游戏、玩玩具气氛都非常和谐融洽，但玩着玩着，气氛就变得紧张起来了。

朵朵和明明各自用积木搭建属于自己的房子，可是家里积木有限，他们谁也无法用有限的积木搭成自己想要的房子，于是为了抢到更多的积木，两个小家伙开始吵了起来。朵朵说这些是她的，而明明说这些是他的，两人互不相让，最后在争执的过程中，搭了一半的“房子”也倒塌了。我来到他们中间了解情况，两人又争相告状。朵朵说：“明明抢我的房顶，还把我的房子碰倒了。”明明也不甘示弱，说：“你把我的树和窗户抢走了。”我看着他们两人都没有让步的意思，心想：何不把这一冲突当作孩子们处理人际关系的一课呢？于是就在一边“静观其变”。

只见两个小家伙一人手中抓着一堆属于自己的积木争执了一会儿之后，忽然，朵朵似乎想通了什么，一下子改变了自己的态度，用询问的语气对明明说：“我们一起搭一间房子，好不好？”这么一说，明明的态度也缓和了些，但是并没有表示出要和朵朵一起盖一间房子的意思，朵朵继续用很友好的语气说：“你看，你没有了树和窗户，我缺了房顶。”明明认真地听着朵朵的分析，“这样咱们谁也搭不成房子，要想搭一间漂亮的房子，我们必须把积木混起来一起搭。”明明想了想，高兴地点点头说：“我们把所有的东西放到一起搭房子。”话一出，两个小家伙就迫不及待地把积木混在一起，不分你的我的，高兴地搭起了房子，终于在共同的努力下，一间有房顶、有窗户、有大树的漂亮房子被搭起来了。朵朵用自己的办法解决了与明明之间的冲突和矛盾，这样不仅让其学习到了处理人际关系的技巧，同时还加深了与明明之间的友谊。

爸爸妈妈不能总怕孩子处理不好与别人的矛盾冲突，而越俎代庖帮助他们解决。时间久了，孩子就会养成依赖性，一遇到事情就会“等”或者“靠”爸爸妈妈来帮自己解决，这样他的独立性就会越来越差，与人的交往能力也得不到锻炼，将来一遇到矛盾困难就会感到手足无措。所以，在日程生活中，当孩子遇到这样的情况，妈妈不妨做一个“旁观者”，对孩子们之间的事情少一些参与，让孩子尝试着自己去独立解决，让孩子尽早迈出独立解决问题的第一步。正是因为我和朵爸对朵朵和小朋友之间的纷争插手比较少，让朵朵不仅学会了如何处理自己与小朋友之间的冲突，而且还经常担当着其他小朋友之间的“调解”工作，是周围很有名的“小和事佬”。

很多爸爸妈妈心里总会有这样的疑惑：为什么孩子们在一起不能愉快地玩，总是冲突不断呢？其实这是由孩子的认知水平决定的。两三岁的孩子，还比较以自我为中心，他们在任何事情上都只会考虑自己的意愿，而不会站在别人的立场上想问题，当然也不易于采纳他人的意见和建议，于是冲突就出现了。就像朵朵和明明之间的冲突，刚开始他们还没有明白相互合作和谦让能让他们实现共同的目标，所以就出现了互不相让的情景；但是很快他们就在冲突的过程中找到了解决的办法，并得到了更大的收获。所以，放手让孩子解决与小朋友之间的冲突，在这个探索、尝试、磨合的过程中，有助于孩子获得更多的交往技巧，增长各种社会经验和规则意识，提高社会交往能力。

今年春天，隔壁搬来一位新邻居，家里有一个和朵朵差不多的小男孩，第一次见面后朵朵就有了交往、玩耍的愿望，可是不知为什么，小男孩不愿意和朵朵玩，甚至连话也不多和朵朵说几句。于是朵朵使出浑身解数来讨好这位小帅哥，先是把自己的芭比娃娃拿出来和他玩，可是女孩子的玩具，小男孩似乎并不感兴趣；朵朵见此招不行，于是又把自己最爱吃的苹果送给他，男孩很乐意地接受了苹果，但是并没有接受朵朵，还是不愿意和朵朵说话。朵朵心里很难过，噘着小嘴和我说：“他吃了我的苹果，但还是不和我说话。”我抚摸着朵朵的头发说：“他为什么不愿意和你玩呢？”朵朵摇摇头说：“不知道。”我说：“是不是你的方法不对呢？比如，没有迎合他的兴趣。”经过我这么一提点，朵朵马上在脑袋里打起了自己的小算盘。

一个星期天的上午，朵朵把放在一边很久没玩的扭扭车拿出来，让我帮她搬到小区的广场上玩。为什么要来这个地方呢，因为这里能遇见那个小帅哥呀！果然不出所料，小男孩也在那里玩。朵朵这次并没有主动和他示好，而是在他的眼前高兴地坐在扭扭车上滑来滑去，还不时地大喊几声。没一会儿工夫，小男孩就按捺不住对扭扭车的兴趣了，先是在一边看着朵朵玩，后来竟然不好意思地走到朵朵跟前说："我玩玩可以吗？"朵朵故意说："我还玩着呢。"小男孩接着跟朵朵说："你给我玩一玩，我给你玩我的大汽车，怎么样？"朵朵想了想，说："好吧！"就这样两个小家伙正式地成为快乐的小玩伴。

朵朵用尽各种办法终于得到了小男孩的认可，并成为好朋友。在这个过程中，朵朵不惜用自己喜爱的玩具、爱吃的水果来"贿赂"他，而且一种办法不好使，马上换另一种，这种变通能力，恰恰说明孩子在很小的时候就具有了社交智慧。当然，在孩子与小朋友交往的过程中，可能由于实际处事能力比较弱，很可能一时找不到解决的办法，这时就需要妈妈多教孩子一些解决矛盾和冲突的策略，多给他们一些指导，让他们逐渐学会用不同的技巧去应对不同的冲突情境。

其实，孩子们之间的冲突大多数只是对事不对人，所以我们经常会看到，一会儿两人之间起了争执，甚至大打出手，但是过一会儿就好像从没发生过这件事，又在一起高兴地玩起来了。所以，孩子开始和小伙伴发生冲突了，爸爸妈妈不必紧张，也不必担心，因为这是每个孩子都必然经历的阶段，是他们成长的方式。

一个人与别人的交往能力以及处理矛盾的能力并不是与生俱来的，是在与同伴的交往中、吵吵闹闹中学习来的。当孩子之间发生冲突时，爸爸妈妈不必成为其中判断是非的法官，而是要相信孩子的能力，为他们提供机会，解决冲突，这对孩子的社交能力、判断能力以及语言能力都有着非常重要的促进作用。

妈妈有话说

做爸爸妈妈的总怕自己的孩子吃亏，受伤害，用自己的爱将孩子包裹得严严实实，殊不知在保护孩子的同时，也束缚了孩子探索的触角，阻挡了孩子的成长。“吵吵闹闹是上帝赐予孩子的礼物，孩子们在吵闹中长身体，长智力……”在对待孩子与同伴的冲突时，爸爸妈妈应该尊崇成长的原则，即让孩子在同伴冲突中成长起来，只在必要的时候给予指导即可。

专家方案

如何处理人际关系，是孩子成长过程中必不可少的一部分，但很多时候，爸爸妈妈忽略了利用人际矛盾和冲突来帮助孩子锻炼自主、自立的意识。其实让孩子自己尝试着找到解决矛盾的方法，对孩子的成长有着非常重要的作用。所以在孩子与其他小朋友出现冲突时，爸爸妈妈应该做到：

1. 遵循成长原则，相信孩子有自己解决问题和学习的能力。
2. 不要一味地包容庇护自己的孩子，要帮助孩子找到解决矛盾的方法。
3. 在孩子与人交往的过程中发生冲突时，多教给孩子一些交往技巧。
4. 不要把孩子保护起来，要鼓励他多与同伴接触。

宽容的孩子更可爱

宽容不仅是一个人的美德，也是一种明智的处世之法，是人与人交往的“润滑剂”。但是能够忍让和宽容的孩子越来越少了，不会宽容他人的爸爸妈妈也越来越多。

一天我下班回家的路上，见到有一个清洁工在打扫道路的时候，不小心把一袋垃圾掉在了一户人家的门前，因为他根本不知道掉了垃圾，所以就没回头捡，走远了。不一会儿这家的男主人领着三四岁的儿子出来了，看见垃圾后直接就是一通“妙语连珠”式的“轰炸”。望着爸爸，孩子的眼神里折射出一种很崇拜的眼神，似乎爸爸的一连串“妙语”很是吸引他，心里顿时膜拜万分，却不知道那只是一堆粗言秽语。看着“激动”的爸爸、“崇拜”的儿子，我心里五味杂陈，如此下去，那个儿子会成为一个宽容的人吗？

试想，在这种家庭环境中生活成长的孩子，怎么能懂得什么是“宽容”，在今后与人交往中，又怎能做到宽容别人的失误和过错呢？因此，不管什么时候，爸爸妈妈都要教孩子学会从别人的角度来考虑问题，让孩子把自己置于别人的位置，设身处地地站在别人的角度来思考问题。尤其不要当着孩子的面随意批评和挑剔其他人，而是要尽可能地表扬他人和感谢他人，让孩子明白每个人都是有优点的，不要让孩子在潜意识里也受到偏见的影响，让他从小就成为一个包容大度的人，有一颗宽宏大量的心。

朵朵3岁时经常和小区里的小朋友一起到楼下的花园里玩耍。有一次，朵朵刚穿上的新鞋被小朋友踩得脏兮兮的，我看见后假装很生气地说："为什么小朋友踩你的鞋，你不会踩他的啊?!"朵朵扑闪着大眼睛，很疑惑地说："我为什么要踩他的啊？我们是好朋友，如果我再去踩他，不就打起来了。"稍微停顿了一下，朵朵又说："他是喜欢我才踩的，要是妈妈不高兴，我以后就不让他踩了。"听了朵朵的话，我心里很高兴，没想到小小年纪就懂得宽容他人的道理了。于是，我马上转变态度，用温和的语气说："朵朵说得对，刚才是妈妈不好。如果你愿意，妈妈就支持你！"朵朵高兴地说："真的吗？有时候是他们玩的时候不小心踩到的，所以我不怪他们。""是啊，朵朵不和小朋友计较这些，才能和他们更好地玩。"朵朵得意地说："嗯，他们都喜欢和我玩。"

有的爸爸妈妈认为，孩子的这种做法是懦弱的表现，是被别人"欺负"后不敢还手的表现。真的是这样吗？我们常常会看到一些小朋友在被其他小伙伴误伤之后，表现出宽容大度的一面，依旧和同伴玩得很开心、很快乐，像什么事情都没有发生；而有的孩子却不依不饶，最后和同伴打起架来，搞得不欢而散，以后再见面后总是心有芥蒂。从这点可以看出，孩子的不还手并不是懦弱的表现，而是一种处理不愉快事情的能力，是与他人交往的一种手段，可见宽容对于孩子的人际交往有着很重要的作用。人与人接触，总会不可避免地出现一些磕磕碰碰，如果都以以牙还牙的方式解决，难免会影响以后的人际交往。解决矛盾纠纷采用以牙还牙的招式并不是最好的，宽容大度才是最好的方式，在宽容他人过失的同时，也获得了他人的尊重和友谊。

在孩子被误伤时，爸爸妈妈应该让孩子站在别人的立场上想问题，通过换位思考让孩子明白，原谅了别人的错误，他就不会难过，就不会将矛盾激化。比如，孩子不小心被同伴推倒了，爸爸妈妈应该先让孩子回想一下自己也曾不小心撞到过别人，当时小朋友也没有哭，也没有生气，而是原谅了他，继续和他做朋友。孩子的心灵是最纯洁无瑕的，在他们的心里并没有仇恨和报复，只要爸爸妈妈多加引导，孩子学会宽容是很容易的，与此同时，他就会赢得朋友，就会真正体会与人交往的快乐。

爸爸妈妈是孩子的第一任老师，也是最重要的老师。生活中，爸爸妈妈接人待物的处事方法将会直接影响着孩子日后的处事方法，所以，爸爸妈妈要以身作则，为孩子形成宽容忍让的良好品质做一个好榜样。

在家庭生活中，对于朵朵的小过错，我和朵爸都会采取包容的态度，渐渐地让她明白有很多错误不是不可挽回的，而是可以得到别人原谅的。记得有一次，朵朵在家里的地板上拍皮球，由于拍得太高没有用手够住，皮球飞了出去，正好把茶几上放的几只杯子打到地板上，杯子都碎了。朵朵见此情景吓呆了，乖乖地站在一旁低着头，显然是在等待爸爸妈妈的批评、训斥。

朵爸闻声跑出来，首先急切地问朵朵："有没有受伤？"朵朵摇摇头，然后用很歉疚的眼神看着爸爸，朵爸说："没有受伤就好。"朵朵怯生生地说："我不小心打碎的。"朵爸和蔼地说："没事的，杯子碎了爸爸再去买几个回来，但是以后玩的时候一定要小心点儿，不能再打碎了。"朵朵见爸爸并没有要责罚她的意思，并且原谅了她的过失，终于松了一口气，马上向爸爸保证说："下次我一定会注意的！"

对于孩子的过失，爸爸妈妈并不需要大声训斥，让孩子心生畏惧，那样会让孩子觉得自己犯了不可原谅的滔天大罪，心里会很愧疚，如果批评过于严厉，还可能给孩子的心理造成阴影，往后做什么事都小心翼翼，这样难免会影响以后的为人处世。即使要批评孩子，爸爸妈妈也要注意方式，比如，采取"一分钟批评"的方法，即只用一分钟时间解决问题，对事不对人。同时爸爸妈妈也要注意保护孩子的自尊心，不要当着别人的面指责、批评，甚至揪出过往所犯的错误不放。

宽容是人最高贵的品质之一。宽容待人，无论你走到哪里，都会为你带去一片温暖。所以从小培养孩子宽宏大度的品质，就是在为孩子的人生积累一份最宝贵的财富。

妈妈有话说

让孩子学会在与别人交往中宽以待人，是孩子成长过程中必不可少的一课。让孩子在与别的小朋友相处中学会处理一些简单的人际关系是孩子成长的阶梯。在教育孩子时，爸爸妈妈要从长远的角度出发，善于利用各种机会促进孩子健康人格的形成，选择明智的教育方法，培养出宽容大度的孩子。

专家方案

俗话说“金无足赤，人无完人”，每个人都有不足之处，总会与人发生这样或那样的矛盾，而怎样处理矛盾则是一个人品质的外在体现。幼儿期是这些品质形成的关键期，爸爸妈妈采取得当的教育方法，启发和教导孩子恰当合理处理各种关系，显得极为重要。

1. 爸爸妈妈要以身作则，为孩子做好表率，抓住教育契机引导孩子。

2. 爸爸妈妈要引导孩子善于站在别人的角度看问题，学会原谅他人，明白原谅他人就是快乐自己。

3. 对于孩子的过失，爸爸妈妈要给以宽容的态度，给孩子创造一个有利于健全人格发展的环境。

第七章

开发音乐智能，让孩子探索音乐的丰富宝藏

音乐是一种聆听的艺术，是人感知音调、旋律、节奏和音色的能力。每个人都有可能发展这种智能，从小就可以培养这种智能。

爸爸妈妈培养孩子的音乐智能并不是希望孩子将来能成为音乐家，而是通过音乐，陶冶孩子的美好情操，在人生的道路上保持乐观自信。而且，培养孩子的音乐智能还有助于创新思维的发展，有助于右脑的潜能得到充分的发展。

和孩子一起听儿歌

从朵朵三四个月开始，为了培养她的节奏感，使其逐渐认识自己和周围环境的关系，我就经常在朵朵的旁边或面前有节奏、有规律地拍手。每次拍手时，朵朵就会竖起小耳朵认真地听，眼睛看着我不断拍动的手掌，如果我边拍边移动手掌，她的视线就会随着我的手掌不停地移动。

最初，我是从简单的节奏开始与朵朵一起感受，随着朵朵不断地认识周围事物，我拍手节奏的难度也有所提升，而且还会经常变换不同的节奏，丰富有趣、不断变化的节拍很容易提高朵朵的兴趣，有时候她还会跟着我的节拍晃晃手臂，蹬蹬小腿。

为孩子有规律地打节拍，这是一种潜性吸收与感受，可为孩子将来节奏感的学习打下坚实的基础。在培养孩子节奏感的同时，爸爸妈妈要有正确的教育观，耐心启发诱导，不挫伤孩子的自信心和自尊心，遵循由易到难的原则。

除了为朵朵拍手打节奏之外，我还经常通过 CD 放一些有节奏的儿歌，如《拍手歌》：“你拍一，我拍一，一个小孩穿花衣；你拍二，我拍二，两个小孩梳小辫；你拍三，我拍三，三个小孩吃饼干……你拍九，我拍九，九个小孩交朋友；你拍十，我拍十，十个小孩站得直。”让她在享受音乐的同时感受节奏感的强弱。

随着朵朵不断长大，在八九个月时，已经进入了咿呀学语阶段，我就将音乐的节奏感与语言的培养结合起来，一边有节奏地拍手，一边用抑扬顿挫的声音唱《拍手歌》，在我边拍边唱的过程中，朵朵表现得相当兴奋，一会儿拍着自己的小手，一会儿用小手抓住我的手似乎要妈妈教她拍，嘴里“咿咿呀呀”叫个不停，偶尔在着急的时候还会发出“ma—ma”的音！

两三个月的孩子对声音十分敏感，任何声音都可以引起他的注意和兴趣，而且孩子已经开始对音乐的节奏、节拍、旋律有一定的吸收能力，如果这个时候和孩子一起听儿歌，使孩子尽早感受节奏带来的乐趣，对音乐产生兴趣，对孩子早期智力开发有着非常重要的作用，同时还可以为孩子的音乐潜能转化成音乐能力奠定良好的基础。音乐智能的培养首先要从听开始，爸爸妈妈应从孩子出生的那天开始就注意让孩子多听。爸爸妈妈要为孩子准备一些好听的音乐，和孩子一起玩声音游戏，以提高孩子的音乐智能，挖掘孩子的艺术潜能。

在我的感染下，每当听到放儿歌，朵朵都会不由自主地拿起小手有规律、有节奏地拍起来，有时还随着音乐的节奏踏脚、拍胸、拍腿。每当这时，我就会与朵朵一起边唱边拍，帮助她更好地掌握节奏，提高律动能力。

拍手唱歌是我们家经常玩的游戏之一，有时候是我们为朵朵打节拍，有时候是朵朵为我们打节拍。

朵朵1岁8个月时已经能说好多短句和词语了，一个星期天她和朵爸在玩打节拍的游戏，只听朵爸用欢快的声音唱着：“小燕子，穿花衣，年年春天来这里……”朵朵坐在爸爸的对面，看着爸爸的嘴形，跟着爸爸的声音，有节奏地拍打着小手为爸爸打节拍呢，拍手的同时还不断地左右扭动着身体，摇摆着小脑袋，似乎很享受。爸爸唱完了，该轮到爸爸为朵朵打节拍了，朵朵又开始用她那稚嫩的声音唱起《小燕子》这首丢词落句的儿歌来，在朵朵唱的时候，朵爸的节拍始终与朵朵的声音保持一致，似乎早有默契。

一段结束了，父女俩又开始你一下我一下互相拍起来，嘴里一起唱着：“你拍一，我拍一……”刚开始慢慢地拍，慢慢地唱，越往后唱得越快，拍手的节奏也越来越快，偶尔跟不上节拍，父女俩就会爆发出一阵哄笑，玩得其乐融融。

音乐是一种聆听的艺术，是指人敏感地感知音调、旋律、节奏和音色的能力。每个人都有可能发展这种智能，音乐智能是从小就可以培养的。爸爸妈妈培养孩子的音乐智能并不是要求每个孩子都成为音乐家，只是通过音乐才能的培养，陶冶孩子的情操，使孩子精神愉快，在人生的道路上始终乐观、自信，而且有助于孩子创新思维的发展，在其他领域的潜能也能获得充分的发展。

妈妈有话说

孩子在还不会说话的时候，就懂得借助音乐表达自己的思想。音乐可以促进孩子肢体、情感、感官、人际、认知等方面的发展，为孩子今后创造性思维打下良好的基础。爸爸妈妈适当地让孩子拍拍手，能有效增强孩子的节奏感和协调能力，促进孩子在体能、情感等方面的发育。

专家方案

1. 节奏感强的音乐可用于开发婴幼儿智力。爸爸妈妈每天让孩子随意地拍手、跺脚和拍打身体各部位，演奏出不同的节奏，不仅可以有效地刺激孩子的智力发育，同时还能增加孩子对手臂肌肉的控制能力，更好地完成精细动作。

2. 爸爸妈妈要有意识、有目的、有计划地让孩子聆听、感受一些有节奏的声音，培养孩子的节奏感。

听一听下雨的声音

孩子在还不会说话之前，应该将重点放在听力上，这样可以训练孩子的听觉记忆能力，提高孩子对音色变化的敏感度，为以后有声有色、抑扬顿挫地唱歌打下坚实基础。

在家里我经常会制造出一些声响来刺激朵朵的听觉系统。有时候会有节奏地摇拨浪鼓，有时候放一些优美动听的音乐，有时候学一学小动物们的叫声……

刚开始，朵朵听到声音后，只是冲着声音发出的方向转头寻找声源，并没有身体上的配合动作。直到朵朵五六个月的时候，有一天奶奶抱着朵朵坐在沙发上逗她嬉笑，朵爸摇起了摇铃，发出清脆的声音，朵朵的注意力马上从奶奶转向了爸爸手中的摇铃，并随着音乐节奏的不断增强，在奶奶的怀里开始有意识地跳了起来，嘴里还发出“哼哼呀呀”的声音，似乎在跟着音乐节奏跳舞唱歌呢。

会听才会说，会听才会唱，在孩子学会说话之前，听觉充当着把语言信息传递给大脑的先锋，而且0~3岁是孩子听力发展的关键时期，听觉的训练在孩子早期的成长过程中尤为重要。所以在这段时期，爸爸妈妈要有计划地带领孩子直接观察各种事物，多与社会、大自然、各种各样的人接触，尽可能多为孩子创造能听、能看、能说的环境。

记得朵朵1岁多的时候，正值夏季，北方的雨似乎比往年要多很多，总是隔三岔五、淅淅沥沥地下个不停。那段时间，只要外面一下雨，我就会抱起朵朵站在窗户边让她透过窗户倾听外面的雨声，感受大雨和小雨带来不同的声音，如大雨是“哗哗哗”，小雨是“嗒嗒嗒”。

一个周末的白天，天气说变就变，刚才还是晴天，一会儿就哗哗下起了雨。朵朵看见外面下雨了，趴在窗户上透过玻璃高兴地大喊：“下雨啦，下雨啦！”看见朵朵如此高兴，我就带着她到户外直接感受下雨的美妙。我打着伞，让朵朵聆听雨滴打在伞上的声音“滴滴答答、滴滴答答”，并告诉她这是雨滴落在雨伞上的声音，“沙沙沙、沙沙沙”是雨滴落在树叶上和草坪上的声音，“叮叮咚咚、叮叮咚咚”是雨滴落在窗户上的声音……

听雨可以训练孩子的听觉能力，让孩子学习分辨各种声音，激发孩子对声音的兴趣，提高孩子的听力和辨音能力。同时，倾听各种雨声带来的不同音色，还可以促进孩子右脑形象思维能力的发展。0~3岁的孩子，正处于各种能力快速发展时期，包括语言能力，所以和孩子听雨声的同时，也要注意锻炼孩子的语言能力，而且这些词语都是很有韵律感的叠音词和象声词，也容易学习。

也许是经常能听到下雨声音的缘故，朵朵现在还将下雨声编成一个小儿歌，用稚嫩的童声唱出来让我和朵爸欣赏呢，而且在儿歌里几乎将所有听到的、学到的拟声词都用了进来，比如，滴答滴答是小雨拍打水花，沙沙沙是小雨拍打树叶，叮咚叮咚是小雨落在窗户……尤其是当伴随着欢快的音乐节奏时，朵朵还会在地板上跳来跳去，充分表达着自己对下雨儿歌的喜爱。

在生活中很多声音都可以作为训练孩子节奏感、韵律感的素材，这就需要爸爸妈妈在平时多用心留意，比如，人声的鼎沸、山林的寂静、潺潺的小溪、雷雨的轰鸣、呼啸而过的列车、鸟语蜂鸣……都可以让孩子听。有时间、有条件的爸爸妈妈还可以将这些声音录制下来，给孩子播放，并且让孩子分辨。随着成长，孩子逐渐学会分辨各种声音的音高、节奏、音强和音色。

让孩子聆听、感受大自然的声音，不仅让孩子真真切切地听到各种各样的声音，训练他的听力和辨音能力。而且大自然还是增长孩子知识、开发孩子智力的最好课堂，对任何年龄段的孩子来说，大自然课堂都有取之不尽、用之不竭的丰富知识。

爸爸妈妈教育孩子的目的是帮助他们发展，而不是拿知识来填充他，正确地引导比一味灌输产生的效果更好。爸爸妈妈要结合孩子的生活经验，在带孩子外出或者在家里看见各种事物时，引导孩子注意倾听它们所发出的不同声音，充分感受各种声音带来的不同感受。

妈妈有话说

孩子从出生的那一刻，就开始捕捉生活中的各种声音。爸爸妈妈应逐渐引导孩子聆听周围的声音及音乐，让他拥有一对“音乐的耳朵”。美妙动听的声音来自能发出悦耳声音的玩具，来自亲人们的呢喃细语声，来自大自然中的声音……这些对孩子来说都是最好的音乐。

专家方案

1~2 岁的孩子开始学习说话、走路，这时爸爸妈妈可以让孩子参与音乐活动的方法多一些，除了给他们听一些节奏明快、活泼短小的歌曲或乐曲外，还可以让孩子多听听外界的声音，为他们更好地感受节奏、韵律做准备。

1. 爸爸妈妈在家里制造各种悦耳的声音，刺激孩子的听觉器官。

2. 爸爸妈妈带孩子到大自然中倾听各种声音，接受多种音色的刺激。和孩子一起唱形容声音的儿歌，玩关于声音的游戏。

让孩子自编自唱

朵朵自从学会说话后，一天从早到晚总是叽叽喳喳说个不停。当我和朵爸闲暇时，她和我们说；当我们忙着的时候，她就坐在那儿自己说，成了一个名副其实的“小唠叨”。在学会唱儿歌之后，朵朵常常会用歌声来表达自己的想法。

朵朵2岁后，每天我做晚饭的时候，她都会过来巡视一下，看一看饭菜好了没有，如果没好，她就会在一边嘱咐我说：“妈妈，饭做好了喊我一声。”我回答说：“好！”当饭菜做好后，我就会喊朵朵出来吃饭，当她在餐桌前坐好后，我就会提醒她：“朵朵，叫爸爸吃饭。”刚开始，朵朵只是喊：“爸爸，吃饭啦！”但是有一天，喊爸爸吃饭变成了唱着叫爸爸吃饭，只见小家伙亮着嗓子，唱道：“我的好爸爸，快来吃饭啦！”一边唱着，还一边咯咯地笑着，那种开心和快乐表现着童真的无邪和乐趣，让我从心底生出许多暖意。

从那以后，家里不仅多了一个自言自语的“小唠叨”，还多了一个自编自唱的“小歌唱家”，不知给家里带来了多少欢乐。只要是日常生活中她比较熟悉的事物，基本都能用自编的儿歌唱出来，不管编得好不好，不管唱得美不美，总之，对于成长发育过程中的朵朵来说，真是一件好事情。因为在编唱的过程中，对处于语言发展关键时期的朵朵，不仅能够学习到更多的词汇，而且还可以将语言组织起来。与此同时，编唱儿歌需要充分发挥自己的想象力，让大脑快速运转，有利于大脑智力的发展，特别是音乐智能的发展。

孩子在编唱儿歌的时候，由于认知能力和生活经验有限，难免会出现胡诌乱编的情况。这时，爸爸妈妈千万不要当面嘲笑孩子，或者对孩子的这一创意表现得漠不关心，甚至无视，这样不仅会打击孩子的积极性，而且还可能不再愿意编歌唱出来了。所以，面对孩子自编自唱的儿歌，不管效果怎么样，爸爸妈妈都要给以积极的肯定和鼓励，让孩子更乐于表现自己，编唱更多的儿歌，更好地发展智力。

朵朵在2岁的时候，回乡下见了很多从未见过的亲戚，也许是朵朵活泼爱动的性格感染了每一个人，使得朵朵非常受欢迎，尤其是和比她稍微大点儿的哥哥姐姐，更是玩得很投缘，走的时候还依依不舍呢。有一天我在屋里写东西，朵朵放声高唱一首我从未听过的歌曲，我认真听了一遍，大概歌词是这样的：回到奶奶家，见到姑姑、叔叔和哥哥，他们都是很好的人；哥哥带我去玩水，好高兴，可是我要回家了，不能和哥哥玩耍了，呜呜呜……仔细一问才知道，这是朵朵和哥哥合作编的儿歌，抗议我回来得太早，他们俩都没玩够。

虽然歌词没有什么深度，但是对于两三岁的孩子来说，真的是很不容易了。

对于朵朵每次自编自唱的歌曲，我都会给予赞美，这使得朵朵更急于表现自己，常常把户外见到的事情、儿歌中听到的、故事中听到的东西编成歌唱给我们听。孩子在两三岁时，正是语言发展的关键时期，从外部语言过渡到内部语言，孩子的自言自语或自编自唱这种方式正是把外部学习到的语言转成为自己的语言来使用的一种表现，是将自己的想法用自己的语言表达出来，这对孩子的语言发育、音乐智能发育都有着积极作用。而且，在孩子编儿歌的过程中，需要进行很多的思维活动，他要思考先选择什么内容，然后再编成什么歌词，最后用什么样的方式唱出来，这对孩子的大脑发育有着积极的促进作用。

给孩子时间和空间，让他完成自己的作品吧！当然在孩子编唱的过程中，爸爸妈妈适当地参与更能激发孩子的积极性，比如，和孩子一起探讨选用什么样的内容来编歌、把歌词写成什么样唱出来才好听等，让孩子在自编自唱中不断进步。

妈妈有话说

唱歌对孩子的吸引力，绝不逊色于玩具对孩子的诱惑。因此，很多爸爸妈妈从孩子很小的时候就开始为其开口唱歌做充分的准备。比如，和孩子一起玩音乐游戏，给孩子放优美动听的音乐，教孩子唱轻松欢快的儿歌……孩子在音乐的熏陶下，对音乐的兴趣大幅提高。在这个阶段，爸爸妈妈还可以鼓励孩子用简单的动作和大胆的语言来表达自己内心的感受，把它们变成歌曲唱出来，为他们创造一个多听、多唱的环境。

专家方案

孩子天生就对自己的声音感兴趣，他们喜欢听自己的歌声，也喜欢别人对他歌唱。而孩子的自编自唱，是其思维发展的重要阶段，也是培养孩子音乐智能和语言能力的最佳时机，爸爸妈妈要鼓励和引导孩子编唱歌曲，让他们尽情地唱、大胆地唱。

1. 爸爸妈妈引导孩子将生活中常见的、熟悉的事物编成歌曲唱出来。

2. 爸爸妈妈多带孩子到户外走一走，丰富孩子的生活经验，为其自编自唱提供大量的素材。在孩子编创的过程中，爸爸妈妈要给以善意的引导和积极地支持，增加孩子编唱的兴趣。

一起模仿各种声音

在朵朵还不会说话的时候，为了很好地引导她开口讲话，我和朵爸经常通过模仿现实生活中经常出现的一些声音来引导朵朵，刺激孩子声带发音，从而使孩子能够尽早地学会用语言与人交流。各种不同的发声体所发出的音色也不尽相同，通过模仿还可以让孩子学会辨别音色，从而有利于右脑的开发。

在朵朵1岁多的时候，已经能说很多词了，有时候听见声音的时候，偶尔还要模仿一下。记得有一次，家里来了一位客人，在门外按门铃时发出“叮当、叮当”的声音，朵朵一听，注意力马上被吸引到门铃上，还张着嘴巴试图模仿。虽然没有模仿出来，但是朵朵已经知道这个声音是从门铃发出来的。为了帮助朵朵辨别各种声音，感受各种物体的音色，发现音乐的美妙，培养音乐智能，更好地开发右脑，我和朵爸一有时间就和朵朵一起玩模仿声音的游戏。

孩子对小动物的喜爱似乎是天生的，不管是小动物玩具还是活生生的小动物，对他们来说都是一种乐趣。因此，我和朵朵最开始模仿的就是小动物们的叫声。1岁多的孩子对很多动物还不是很了解，所以在模仿之前一定要让她对这些动物有所了解，做到心中有数，方便以后的模仿。

我准备好小鸭子的模型，然后拿着小鸭子说：“这是小鸭子。”让朵朵认识这是什么动物，然后再学着小鸭子“嘎嘎嘎”叫几声，引导朵朵模仿。刚开始朵朵看着我的嘴形，只是张大嘴巴却发不出音。我又慢慢地、嘴形夸张地发出“嘎嘎嘎”的声音，渐渐地朵朵也能跟着我“嘎嘎嘎”地叫几声了。

考虑到朵朵的认知能力和记忆能力有限，所以刚开始我每次只选择一种小动物，教朵朵模仿它的叫声，随着朵朵模仿能力不断加强，语言表达能力越来越好，我也慢慢地由1种小动物变成3种小动物、5种小动物……

现在，朵朵能模仿很多小动物的叫声，当我问“朵朵，小狗是怎么叫的”，她马上会“汪汪汪”叫几声；问她“小牛是怎么叫的”，她立刻会“哞哞哞”叫几声……

孩子模仿动物的叫声，有时候叫得并不是很像，这时爸爸妈妈不要急于纠正，因为孩子刚开始学说话，还没有很好地掌握各种发音技巧，发音不准是很正常的。爸爸妈妈不要要求很像，只要孩子能用拟声词表达出来即可，比如，将鸭子的“嘎嘎”发成“kaka”，小猫的“喵喵”发成“momo”，小牛的“哞哞”发成“mumu”等。对于孩子来说是第一次接触这些事物，他需要一个好的老师以及好的榜样。爸爸妈妈在引导孩子模仿发音的时候尽量能够考虑到孩子的心情，对孩子宽容一点儿，尽量多给孩子做示范。

当然，随着孩子认知能力和声音辨别能力的不断提高，爸爸妈妈还可以和孩子一起模仿生活中所听到的各种声音，如模仿“哗哗哗”的流水声、“隆隆隆”的飞机声、“淅沥沥”的小雨声、“呼呼呼”的大风声、“沙沙沙”的风吹树叶声……让孩子通过语言来感受各种声音之间的差异，透过不同声音的训练，孩子会发现原来生活中有许多不同的声音，有高有低、有快有慢，从而可以让孩子发现声音的美妙与特性。

在和孩子一起模仿各种声音的时候，爸爸妈妈一定要对孩子的模仿能力给予表扬和认可，这样才能激发孩子继续模仿的兴趣，否则会给孩子幼小的心灵带来伤害，使得孩子不愿意再开口模仿。

爸爸妈妈随时可以模仿一种声音，让孩子猜猜是什么声音。比如，模仿“轰隆隆”的打雷声，让孩子说出来，如果说正确了要及时给予表扬，如果说错了可以纠正。

记得朵朵1岁7个月时，一天，外面忽然大风骤起，雷电交加，不一会儿下起了倾盆大雨。朵朵趴在窗户上高兴地叫着：“下雨啦！”我回应朵朵：“是呀，下雨啦！”便和朵朵一起趴在窗台上听雨声。听着听着，我问朵朵：“下雨声是什么样的，朵朵给妈妈学一学。”朵朵马上“哗哗哗”地模仿起来，我点点头，很高兴地说：“嗯，朵朵说对啦！那闪电是什么声音？”朵朵竖起耳朵认真听了起来，一会儿睁大眼睛，故意装成很受惊吓的样子说：“咔嚓！”我高兴地在朵朵的脸蛋上亲了一下，给予表扬。“那‘轰隆隆’是什么发出的声音呀？”我接着问。朵朵想了想，指着窗户外的天空，用稚嫩的声音说：“是飞机。”哇，朵朵的这一回答着实让我吃惊不小，我以为朵朵听到外面的打雷声会说“轰隆隆”是打雷的声音，但是没想到小家伙竟然联想到了飞机的声音。可见，孩子的记忆力和想象力是不容小觑的啊！

声音无处不在，各种各样的声响交织着。听到这些声音的时候，爸爸妈妈可以跟着重复模仿，让孩子知道原来这个东西发出的是这样的声音，然后让孩子加入到模仿的队伍中。经常重复模仿，反复练习，不但可以开阔孩子的眼界，提高听声模仿能力，而且还可以提高孩子的发声和对声音的敏感度及好奇心，对开发孩子的音乐智能，进而对挖掘右脑很有好处。

爸爸妈妈通过模仿声音的方法促进孩子音乐智能及语言智能的开发，是一件既简单又有趣的事情。在倾听和模仿中，让孩子爱上音乐，开启智慧，进而让孩子在音乐的世界里欢快地畅游。

妈妈有话说

让孩子学会倾听，是他爱上音乐的第一步。通过模仿各种不同的声音，可以锻炼孩子的发声和对声音高低、快慢的敏感度及好奇心。爸爸妈妈用心引导孩子模仿生活中所听到的各种声音，感受不同的音色以及节奏感，从而培养孩子对音乐的兴趣。

专家方案

悦耳的声音能陶冶人的情操，抚慰人的灵魂，如果生活中缺少声音，人生也似乎变得残缺。让孩子从小学会倾听，模仿各种声音，不仅能培养孩子对各种声音的兴趣，更能开启孩子的智慧。那么，如何让孩子模仿声音呢？

1. 从孩子最熟悉的声音开始模仿。
2. 随着孩子各方面能力的提高，开始模仿生活中听到的各种声音。
3. 通过多种方式引导孩子模仿发声。

不要太早上音乐兴趣班

我认识的一位友人，孩子刚满 2 岁半，见很多爸爸妈妈都在为孩子选择上什么兴趣班而忙碌着，她也按捺不住了，生怕自己现在不准备，将来自己的孩子与别人的孩子有差距。她觉得孩子从小对音乐的节奏感很感兴趣，就给孩子报了一个音乐兴趣班，认为这样更有利于孩子感受音乐，开发智力。但是没上几次课，孩子就出现了抵触情绪，每到上课时不是哭就是闹，到后来干脆不去了。

孩子可能在出生不久就会对音乐节奏产生兴趣，但这并不意味着他们将来一定能成为钢琴演奏家或者音乐家。系统学习音乐要等孩子的认知能力发展到一定的水平，能认识简单的五线谱，有一定的听力分化及对音乐的感受能力。在孩子 3 岁前，让他们多听一些优秀的音乐作品，感受音乐的节奏感即可。

在朵朵的教育上，我从来都没有被周围的环境和风气所影响，始终坚持着自己的教育原则，在上兴趣班这件事情上也是如此，可以说朵朵在 3 岁前根本不知道兴趣班是什么概念。我觉得孩子还是在妈妈的身边学习比较好，如果想培养孩子音乐兴趣，开发音乐智能，完全可以在家里放一些早教音乐或妈妈唱给孩子听，这样不仅能和孩子有更多的亲子互动，而且还有助于妈妈观察孩子的兴趣爱好，为将来在某一方面重点培养做最合适的准备。

朵朵出生后不久，就对悦耳动听的声音有了一定的兴趣，经常会随着音乐声欢快地蹬蹬腿、抖抖手、叫一叫。朵朵会坐后，为了让朵朵感受声音的节奏感，我就和她面对面地坐好，然后有节奏、有规律地拍手，有时候是这样的：××/×××/××/×××；有时候是这样的：×××/××/×××/××，随时变换不同的节奏拍给朵朵听。每当这个时候，朵朵就会竖起小耳朵，认真地感受着节奏，有时还会有用自己的小手拍两下，随着节奏和音乐的变化，朵朵的节奏感和听觉能力也得到了很好的发展。

在生活中，我经常会有意识、有目的、有计划地让朵朵聆听、感受和欣赏各种富有感染力的音乐，让她置身于音乐艺术的氛围中，在感受音乐节奏感的同时，激发她对音乐的兴趣。

记得朵朵八九个月的时候，能很娴熟地在地板上爬来爬去了。为了更好地开发朵朵的音乐智能，我在家里腾出一片小空间，然后买了一些漂亮的音乐玩具，比如，各种会唱歌的小动物、儿童敲打乐器、小电子琴等，让她随意敲打、随意抓捏，倾听各种不同的声音，模仿发声来感知声音的高低。每当这时，我和朵爸也会因势利导，播放一些小兔子、小猫咪的音乐，让朵朵感知一些不同的曲调。

孩子从两三个月开始就已经能注意到一些持续不断的声音了，爸爸妈妈要抓住机会多制造一些有节奏感的声音来培养孩子的节奏感和韵律感。如果再加以趣味、形象的方式更能吸引孩子的注意力，让孩子对自己感兴趣的事物进行长时间的吸收。

要培养孩子的音乐兴趣，在家里为其创造一片空间足矣！完全没有必要过早地把孩子送去兴趣班。而且，孩子在小的时候，他们的兴趣并不是单一的，为了迎合智力和体能上的发育需求，也许他们在这段时间喜欢学唱歌，而过段时间喜欢画画，再过段时间又喜欢写字看书……因此，有很多爸爸妈妈总会有这样的疑惑，他们总觉得孩子的兴趣爱好是多变的，很难判断孩子的兴趣取向，想报兴趣班，但是又怕与孩子的兴趣相悖。

其实，对于3岁以下的孩子来说，完全没有必要给孩子的兴趣定性，这个阶段的孩子，不同年龄都有其相应的敏感期，例如，数学敏感期、音乐敏感期、绘画敏感期等，这段时间，爸爸妈妈可以多元化地发展孩子的兴趣，比如，孩子处于音乐敏感期，则可以让孩子在生活中多感受音乐、欣赏音乐，没必要那么早上音乐兴趣班，以免扼杀孩子真正的兴趣，影响孩子的学习兴趣。

妈妈有话说

孩子在两三岁这个阶段，是右脑快速发育时期，所以很多爸爸妈妈想抓住这个机会开发孩子的右脑，让孩子将来能成为一个多才多艺、有一技之长的孩子，所以早早地把孩子送进各种兴趣特长班，想以此培养孩子的兴趣特长。殊不知，此时的孩子同样处于身心快速发展时期，这样做势必会影响孩子的健康发展。所以，聪明的爸爸妈妈并不急于将孩子送去兴趣班，而是通过自己与孩子的互动来激发孩子的兴趣。

专家方案

当下林林总总的兴趣班，让望子成龙的爸爸妈妈迷失了方向，总在报不报兴趣班的问题上纠结不已。其实，孩子在3岁前，并不需要兴趣班来开阔视野，在培养孩子音乐才能的过程中，完全可以由爸爸妈妈一手操办。

1. 爸爸妈妈和孩子一起玩有节奏感的声音游戏，培养他们对节奏感的感受力和兴趣。

2. 可以让他们多听一些优秀的音乐作品，感受、认识音乐的魅力。

3. 多带孩子到外界感受各种真实的声音。

和孩子一起唱歌

音乐，孩子听得多了自然而然就学会了，能自发地唱出来。在我们家里，有事没事的时候，就会放一些小朋友喜爱的儿歌给朵朵听。

朵朵2岁时的一天，我回到家里要忙着做饭，让朵朵自己玩。忽然，一阵美妙的童声传入我的耳朵里，我赶紧把头伸出去一看，原来是朵朵一边玩小鸟的玩具，一边用稚嫩的、口齿不清的、断断续续的声音唱着：“小燕子……穿花衣，（年年）春天来这里，（我问）燕子（你）为啥来……（燕子）说这里（的春天）最美丽。”虽然朵朵唱的时候歌词丢三落四并不完整，但对于我来说这真是一个令人激动的时刻。这完全是由于家里经常播放儿歌或者我给朵朵唱儿歌听的缘故，在不知不觉中，朵朵竟然学会了这首儿歌，而且还自发地唱了出来。在随后的日子里，我发现朵朵不管懂不懂，只要是她听过的歌她就会试图模仿着唱出来。爸爸妈妈应多学唱几首适合孩子的歌，然后和孩子一起唱。因为有爸爸妈妈的参与，孩子唱歌的积极性会更高。

唱歌是一门艺术，是美的旋律的表现，也是一种带有情感性质的活动，很适合孩子的兴趣特点，对培养孩子的音乐智能、激发孩子对音乐的兴趣很有利。

我教朵朵唱《比尾巴》这首儿歌：“谁的尾巴长？谁的尾巴扁？谁的尾巴短？谁的尾巴弯？谁的尾巴像把伞？谁的尾巴像把扇？猴子的尾巴长，鸭子的尾巴扁，兔子的尾巴短，公鸡的尾巴弯，松鼠的尾巴像把伞，孔雀的尾巴像把扇。”这首儿歌把朵朵喜欢的小动物融入其中，所以更容易学会并唱出来。当然，在教朵朵唱这首儿歌前，我将其中涉及的动物图片一一找出来，一边唱一边让朵朵观察它们的尾巴。我反复地唱，朵朵听了几遍后便可以跟着我一起唱出来了。每唱到一种动物，朵朵就会把它们的图片找出来摆在桌子上，歌唱完了，小动物们也整整齐齐地摆在桌子上了。

爸爸妈妈在教孩子唱歌时，刚开始时千万不要让孩子一句一句地跟着学唱，爸爸妈妈要放慢语速不断重复地唱，让孩子反复地听。这是因为在3岁前，孩子具有独特的、像海绵吸水一样的学习方式，只要听过几遍之后，他们的大脑里便会记住歌词，如果配以图画或者实物，孩子会学得更快一点儿，到时候自然而然地就学会了。

当孩子学会跟着爸爸妈妈一起唱时，一定要适当地放慢语速跟着孩子的节拍唱，等到孩子对这首歌很熟悉了，再用正常的语速和孩子一起唱。

朵朵学会了《比尾巴》这首歌。一天我坐在沙发的一端，朵朵坐在沙发的另一端，我拿起电话给朵朵打起来电话：“喂！是朵朵吗？”朵朵见状赶紧抓起自己的玩具电话说：“喂，你好，我是朵朵。”我继续说：“朵朵可以给妈妈唱首歌吗？”朵朵高兴地说：“好的！”于是在电话里给我唱起了刚学会的那首《比尾巴》。

因为这是一首朵朵易于理解的儿歌，歌词里并没有什么难懂的词语，所以朵朵唱得非常完整，非常棒！但是并不是所有的歌曲朵朵都可以理解，有时候也会碰到一些不易理解的歌词，“瞧瞧里边摆啥子”中的“啥子”，朵朵就没有唱清楚歌词，显然对这个词汇没有理解其词义，想搪塞过去。待朵朵唱完后，我马上向朵朵解说了“啥子”就是“什么”的意思，经我这么一解释，朵朵就理解这句歌词的意思了，唱起来也顺溜多了，相应的语言表达和理解能力也跟着发展了。

为了不使朵朵产生压力，在朵朵唱完歌儿兴致高的时候，我赶紧对她说："朵朵唱得真好！下次再学一首唱给妈妈听好吗？"得到表扬的孩子会很欣然接受建议，朵朵会很用力地点点头说："好的！"紧接着又问："我们学什么歌呢？"似乎迫不及待地想学下一首。

唱歌是孩子很乐意接受又积极参与、最优化的快乐学习方式，对开发右脑起着重要的作用。唱儿歌作为孩子学习音乐的好方法，不但能营造轻松欢快的学习气氛，同时还能让孩子通过唱歌学习到很多知识和词汇，培养更多的生活情趣。爸爸妈妈在教孩子唱歌时，可以联系平时的生活经验或者结合故事、动作，更形象地演唱，这样不但可以增加孩子的理解能力和兴趣，同时孩子在爸爸妈妈生动的表情、具有形象美感动作的影响下，也会情不自禁地模仿着唱起来、跳起来，这样既可以培养孩子对唱歌的兴趣，也可以培养孩子语言和肢体动作协调能力，可谓是一举多得的办法。

朵朵在2岁8个月的时候，我和几位妈妈商量为孩子们举办一场音乐会，场地设在小区的一个活动室内，活动规则是：每一个孩子准备一首拿手的歌，在活动开始后先由一个孩子上去演唱，其他孩子和妈妈们坐在台下当观众，第一个孩子唱完后，第二个孩子上去演唱……音乐会进行时孩子们表现都非常好。当轮到朵朵时，我在台下向朵朵竖起大拇指并说："朵朵，加油！你最棒！"朵朵在家里有很丰富的演唱经验，所以很自信地走到台上，用稚嫩的声音对下面的观众说："大家好！我是朵朵，我唱的歌叫《泥娃娃》。"话音刚落，下面响起了热烈的掌声，有了掌声，朵朵更自信、更大方地在众人面前展现自己。当朵朵唱完后，台下又响起热烈的掌声，朵朵高兴得小嘴都合不拢。

通过在台上的表演和别人的肯定，朵朵对音乐越来越喜爱，经常自己在家里的地板上或者公园的空旷处，一边唱歌一边翩翩起舞。

妈妈有话说

只要孩子肯听、肯唱，就表明他对美妙的音乐是有兴趣的。但是，兴趣不代表智能，爸爸妈妈应该利用孩子对音乐的兴趣培养其音乐智能。爸爸妈妈在引导孩子学习唱歌时，一定要采用正确的方法，选择孩子感兴趣的歌曲。儿歌不仅节奏感强，而且旋律优美，很适合孩子的兴趣特点，所以在教孩子学唱歌期间，不妨多和孩子唱唱儿歌吧！

专家方案

唱歌不仅能锻炼孩子的音乐智能，还能让孩子增长见识，发展想象力，陶冶情操。但是爸爸妈妈是否知道，教孩子唱儿歌也是有诀窍的呢。

1. 在日常生活中让孩子多听歌，潜移默化中锻炼孩子的听说能力。

2. 教孩子唱歌时要适当地配以图画或者实物，一边唱一边看，更能吸引孩子学唱的兴趣。

3. 爸爸妈妈要用通俗易懂的语言教孩子唱，随时为孩子解释不理解的词语，让孩子在理解的基础上更好地唱歌。

4. 给孩子提供展现自己的机会，让孩子增加自信心，爱上音乐。

让孩子接触一些乐器

音乐对人的一生有特别重要的意义，接触乐器、弹奏乐器能帮助孩子更好地理解音乐。

朵朵有了一定的抓握能力之后，为了培养其对音乐的兴趣、进一步发展听力，我买了各种敲打玩具，如小锣、小鼓、小木琴等，因为这些音乐玩具的声音清脆响亮，朵朵特别喜欢，总是有事没事的时候随意敲打一番。随着朵朵精细动作能力的不断发展，在我的引导下，她学会了正确地有节奏的敲打。每隔一段时间我们一家人就开一个小型的家庭音乐会，有时是我敲锣，朵朵打鼓，朵爸弹琴；有时是朵朵和爸爸伴奏，我唱歌跳舞……就这样朵朵对音乐的兴趣越来越高。

渐渐地，这些敲打乐器已不能满足朵朵对音乐的需求了，在她 2 岁的时候，我又买了小钢琴、小电子琴、手风琴及电动八音琴等智能音乐玩具，让朵朵开始从这些小型玩具中接触各种乐器，了解它们是通过怎样的方式发出悦耳的声音，每种乐器发出的声音有什么样的不同……

家里这些音乐智能玩具，可以说是朵朵接触乐器的开始，虽然这个时候我从来都没有让朵朵过早地接触各种各样的乐器，但是她对音乐的喜爱并不逊色于接触过乐器的孩子。

音色的变化无穷，进一步提高了孩子探索音色的兴趣。俗话说：兴趣是孩子最好的老师。在兴趣的带动之下，孩子对乐器的好奇心和兴趣与日俱增。

朵朵3岁时，我第一次带她到乐器商店逛，没想到小家伙一见到摆放的各种乐器，就马上能认出来这是什么乐器，那是什么乐器。每看见一种乐器，我都会引导朵朵去摸一摸、弹一弹或拉一拉，让其感受不同乐器所发出的声音和乐感，感受音乐之美，然后不失时机地再给朵朵讲讲各种乐器的功能、材质、发声原理等，让她更好地了解各种乐器，为将来选择学什么乐器打下基础。

在孩子3岁左右时，爸爸妈妈可以适当地让孩子接触一些乐器，不过这时孩子年龄尚小，注意力有限，很难长时间地坐在乐器面前弹奏，同时理解力也比较差，还不宜学习乐器。此时让他们接触乐器只是让他们对乐器有一个感性认识，调动对乐器的兴趣即可。

除了带朵朵到乐器商店之外，在日常生活中，我和朵爸还经常利用周围的资料来让朵朵了解各种乐器。比如，各种管弦乐器演奏的录像带、唱片、音乐教学录影带和文字图片等，引导朵朵熟悉各种乐器，熟悉各种乐器的不同音色。

记得有一次，我买了一张童话音乐故事的光盘，就是通过乐器的演奏来讲故事，它运用管弦乐队中丰富的音响效果和交响手法，使人产生听觉形象和画面感觉，让孩子在听故事的过程中就能熟悉各种乐器的不同音色，从而获得良好的音乐修养。

每一个童话音乐故事所用的乐器不一样，在让孩子感受不同音乐、听不同故事的过程中，还能进一步了解到孩子对哪一种乐器比较喜欢。在给朵朵听故事的过程中，我发现朵朵对钢琴和古筝所演奏出来的音乐特别感兴趣，而对小提琴演奏出来的音乐就表现得没有什么兴趣。通过这一方式可以及时发现孩子的兴趣爱好，初步判断孩子在乐器方面的发展方向。

每一种乐器都有其自身的魅力和学习的价值，但并不是每一种乐器都能引起孩子同等的兴趣。在众多的乐器中，爸爸妈妈可以在平时让孩子多接触一些乐器，让他们听听每种乐器发出的音响，看看乐器长得什么样，在平时和孩子交流的过程中，爸爸妈妈就可以观察出，孩子对哪一种或哪一类乐器的关注比较多一些。

我曾接触到很多爸爸妈妈和孩子，发现一个普遍性的问题，就是在孩子很小的时候，他们对于高雅的音乐接触不多，并不了解每一种乐器所发出的音色是什么样的，自己到底喜欢哪种乐器的演奏方式，比如，拉、弹、吹、敲等。到该接触和学习一种乐器的年龄了，爸爸妈妈往往不征求孩子的意见，根据自己的喜好或者看见别人学什么自己就学什么，让孩子学习钢琴、小提琴、琵琶、古筝……孩子只是被动接受，没有选择的权利，所以在心里往往会产生抵触情绪，经常不愿意去学习，就算去学习也会坚持不下去。要想更好地培养孩子的音乐修养，启发孩子的音乐智能，爸爸妈妈在为孩子选择学习一门乐器前，先尽量了解孩子对乐器的兴趣，征求他们的意见，让孩子在热情高涨中快乐地学习乐器，享受音乐的美妙。

爸爸妈妈还可以多参加一些社会性的音乐活动来引导孩子认识各种乐器，比如，多参加社区举办的小型音乐活动，到音乐厅去欣赏乐队的演出，参加庆祝日所举办的游行与参与民俗活动等。

音乐是一门艺术，需要从小培养。孩子在 3 岁前听是关键，这时爸爸妈妈可以让孩子多听音乐；3 岁后则可以初步让孩子接触各种乐器，只要条件允许，接触得越多越好。孩子在接触乐器的过程中，爸爸妈妈可以发现他们在某种乐器上的兴趣和潜质，将来为孩子找到一种最感兴趣的乐器，并专心、认真地坚持学下去打下基础。

妈妈有话说

2~3 岁是音乐智能启蒙的最佳年龄。在此期间，爸爸妈妈要利用一切能让孩子看到和听到各种乐器的机会，让他们感受各种乐器所带来的不同音色，培养他们对音乐的兴趣。但是，在这个阶段完全可以不通过乐器学习音乐，只需在宽松的环境中，开展各种音乐游戏，让他们感受音乐的节拍和旋律即可。

专家方案

音乐是一门听觉艺术，需要从小对孩子进行听觉的训练，让孩子感受到音乐的美，对音乐产生兴趣。虽然这个阶段孩子对乐器的认识还完全处于空白阶段，不过爸爸妈妈可以开始适当地让孩子接触一些乐器，培养孩子的兴趣。

1. 爸爸妈妈可以给先孩子买一些音乐智能玩具让其感受不同的音色。
2. 爸爸妈妈带孩子接触各种乐器，认识各种乐器。
3. 利用生活中的各种资料教孩子认识各种乐器，观察孩子的兴趣爱好。
4. 多参加一些社会性的音乐活动来引导孩子认识各种乐器。

孩子天生会跳舞

朵朵五六个月的时候，每次我在家里放音乐，小家伙似乎能听懂一样，就会随着音乐的节奏抖抖手、蹬蹬腿，嘴里还哼哼呀呀地乱叫一通。朵朵1岁时，刚学会走路不久，一听到音乐声，马上会跟着音乐拍拍手，走路的步数也和以前不一样了，跟着音乐的节奏改变自己拍手、走步的速度呢。哇！原来孩子从小就会在没有人引导的情况下跟着音乐跳舞呀，似乎这种能力是天生的。

在日常生活中，有心的爸爸妈妈就会观察到自己的孩子很早就能感知节拍的快慢，会和着音乐的节奏拍手、走步，跳自创的舞蹈，并能跟着音乐的快慢而改变自己动作的速度。这一点可以说明，孩子听音乐的能力要比唱出音乐的音高、旋律，打出有规律的节奏的能力发展得早。孩子对音乐的最先感知是从听力开始的，所以音乐的强弱、节拍率、速度的快慢是孩子最先形成的对音乐的概念，随着感知能力以及听力的不断发展，就会感知旋律及节奏感。

在音乐的伴奏下让孩子用动作来表现音乐的内容是发展其音乐智能的重要途径。爸爸妈妈在培养孩子音乐能力的过程中，不妨多让孩子在听乐曲的同时跳舞、做动作，这样不仅可以培养孩子对音乐的兴趣，开发音乐智能，同时还有利于提高孩子身体协调能力。

从朵朵学会走路的那天开始，我们家里经常飘荡着各种音乐声，也经常有朵朵自编自跳的舞蹈。记得朵朵1岁左右的一天，小家伙正坐在一堆沙滩球里玩得不亦乐乎。朵爸打开电视播放起《两只老虎》的儿歌来，朵朵听见音乐后，马上放下手中的玩具，把注意力集中在电视上，竖起两只耳朵认真地听了起来，听着听着，两只手臂不由自主地跟着节拍晃动起来。我和朵爸见状并没有做出任何反应，继续观察朵朵接下来会怎么样。果然不出所料，朵朵感觉只晃动手臂无法尽兴，于是从沙滩球中站起来，一边晃动手臂一边走到电视机前，开始整个身体晃动起来，尤其是听到节奏非常鲜明的音乐时，朵朵的身体就会加强这种动作和反应。

朵朵跟着音乐做的动作完全跟不上节拍，只是在音乐声中随意地晃动着自己的身体和手臂，以表达自己的兴奋。为了增加朵朵对音乐节奏感的兴趣，锻炼她的动作能跟上节拍，于是我也加入到朵朵的行列，和她一起跟着音乐跳舞。每当这时朵朵会表现得异常兴奋，会跟着音乐、随着我做动作。

只要给予孩子丰富的音乐环境，孩子就能表现出对音乐的喜好。但是孩子尚小，对很多音乐内在的东西还不能完全理解，所以，在这个阶段，爸爸妈妈只需要为孩子营造一个良好的音乐环境，让孩子尽情地享受美妙的音乐，尽情地跳来跳去，孩子对音乐的兴趣就会逐渐被激发出来。

在孩子2岁左右时，他对一些节奏鲜明的音乐会做出主动的动作反应，但是在跟着音乐做动作时，他们是用适合自己身体晃动的速度而不是跟着音乐的节奏来做动作。爸爸妈妈要想让孩子跟着音乐节奏来晃动身体，就要在音乐的选择上下一番工夫，尽量选择一些速度能跟上孩子动作的音乐，而不是孩子的动作跟上音乐的节奏，这样可以很好地锻炼孩子，让他的动作和音乐合拍。

记得朵朵在2岁左右时，我为她选择了一些动作比较简单的儿歌，如《拍手歌》《摸耳朵》等，让她在听音乐的过程中，不断地重复同一个动作，拍手、踏脚、摸五官等，帮助她更好、更快地感觉音乐的节奏与身体动作的关系，尽早做到身体与音乐的协调。终于在朵朵2岁9个月的时候，已经基本能合拍地做动作了。

孩子身体的发育和动作的协调都需要一个过程，同样孩子对音乐的理解也需要一个循序渐进的过程。在不同的年龄段，可以让孩子听不同的音乐，做出不同的动作，让孩子更好地表达音乐感受。音乐的节拍可以增加孩子控制能力，让孩子随着音乐拍打身体部位，有助于建立并发展发散性思维。通过有节奏地拍打身体，还可以增加孩子对手臂肌肉的控制能力，更好地完成精细动作，真可谓是一举多得的事情。

当然，孩子学习听音乐做动作，离不开爸爸妈妈的悉心指导。平时，除了在家里有意识、有目的地放音乐之外，遇到孩子主动唱歌跳舞时，千万不要打断他，更不要阻止、反对，而是要和孩子一起唱、一起跳，以此激发孩子对音乐的兴趣。

在朵朵的教育上，我和朵爸采取的是随机教育模式，无论什么时候听到音乐，我都会鼓励朵朵跳一跳。有时候是在广场上，有时候是在大街上，有时候是在商场里……哪里有音乐，哪里就有朵朵翩翩起舞的身影。

记得朵朵3岁的一天，我带着她在外面溜达。在经过一个刚开业的食品店时，正巧遇上开业庆典，在主持人说完之后，随着欢快的音乐声，有两位女孩在台上开始跳舞。朵朵看见后也跟着音乐声在台下跳起舞来，而且还跳得有模有样，把周围人的目光都吸引到她这里了，只听见人群中发出阵阵赞叹声："哇，小女孩跳得真好！""小家伙胆子真大呀！"……朵朵听到后跳得更欢了。

在回家的路上，朵朵问我："妈妈，我跳得怎么样？"我马上伸出大拇指说："跳得太好了！你没听见大家都在夸赞你吗？"朵朵很得意地点点头，说："听见了。"

给孩子一个开放的环境，鼓励他们在音乐中自由自在地、欢快地跳，让他们在跳的过程中感受音乐的节奏、力度，并且随着节拍的快慢改变自己的动作速度，使孩子其他方面的发展与音乐能力的发展巧妙地结合，提高学习兴趣。

从孩子开始对音乐的节奏、旋律有一定的感受和吸收能力开始，就要让孩子多听一些节奏鲜明的音乐，并随着年龄的增长让他们跟着音乐做一些适合的动作或者舞蹈，以便更好地培养孩子的音乐节奏感，激发其对音乐的兴趣。

妈妈有话说

一般 6 个月左右的孩子就会跟着音乐的节奏晃动自己的身体。从孩子对音乐有反应的那天开始，爸爸妈妈就要有意识地让孩子多听音乐，引导孩子对音乐做出肢体上的反应，让孩子自然表达对音乐的感受。

专家方案

孩子倾听音乐，就需要自然地表达出内心的起伏。而爸爸妈妈让孩子学习音乐，最初需要的并不是各种各样的音色和旋律，而是简单的节奏感，既然是跳舞，那就主要和节奏感有关。所以，在给孩子听音乐的时候，爸爸妈妈可以带动和引导孩子进行一些简单的肢体表达，培养孩子对音乐的兴趣。

1. 为孩子创造一个良好的音乐环境，和孩子一起跟着音乐跳舞。
2. 选择适合孩子年龄段的音乐，让音乐节奏适合孩子的身体动作。
3. 在孩子跳舞时不要打断和反对，而是要鼓励和支持。
4. 采用开放式的随机教育，让孩子没有约束，自由自在地跳。

图书在版编目（CIP）数据

好妈妈这样做：挖掘孩子的右脑潜能／张海媛编著.
—北京：中国妇女出版社，2014.10

ISBN 978-7-5127-0894-5

Ⅰ.①好… Ⅱ.①张… Ⅲ.①婴幼儿—智力开发
Ⅳ.①G610

中国版本图书馆CIP数据核字（2014）第124283号

好妈妈这样做： 挖掘孩子的右脑潜能

作　　者： 张海媛　编著
策划编辑： 王晓晨
责任编辑： 王晓晨
封面制作： 曾　梅
责任印制： 王卫东
出版发行： 中国妇女出版社
地　　址： 北京东城区史家胡同甲24号　　邮政编码：100010
电　　话： （010）65133160（发行部）　　65133161（邮购）
网　　址： www.womenbooks.com.cn
经　　销： 各地新华书店
印　　刷： 北京联兴华印刷厂
开　　本： 170×230　1/16
印　　张： 14.75
字　　数： 200千字
版　　次： 2014年10月第1版
印　　次： 2014年10月第1次
书　　号： ISBN 978-7-5127-0894-5
定　　价： 32.00元